Schlaf gut, Böhmen!

Claudia Nentwich, Jahrgang 1962, schreibt Songs und Bücher. Sie lebt in Berlin, hat Sprachen und Gesang studiert und als Musicaldarstellerin, Gesangslehrerin und Online-Journalistin gearbeitet. In ihrem zweiten Interviewbuch beschäftigt sie sich mit ihren deutschböhmischen Wurzeln.

Auch bei BoD erhältlich: Liederfänger – Wege zum Songwriter

Claudia Nentwich

Schlaf gut, Böhmen!

Lebenswege 1911–1948

Die Deutsche Nationalbibliothek verzeichnet diese Publikation in der Deutschen Nationalbibliografie; detaillierte bibliografische Daten sind im Internet über www.dnb.de abrufbar.

Umschlagfoto: Gasthaus „Zur Sonne", Kunnersdorf 1916, Bildabdruck mit freundlicher Genehmigung des Oblastní muzeum v Chomutově
Herstellung und Verlag: BoD – Books on Demand, Norderstedt

ISBN 978-3-7347-9630-2

Inhaltsverzeichnis

Für Julia

Vorwort

Meine Großeltern sind vor fast genau 100 Jahren im heutigen Tschechien geboren. Sie gehörten zur letzten Generation von Deutschen, die im historischen Böhmen geboren wurden. In diese Zeit fiel der Beginn des Ersten Weltkriegs, dessen Ende, 1918, auch das Ende der Österreichisch-Ungarischen Donaumonarchie bedeutete und für alle Bürger des Vielvölkerstaates, zu dem auch das historische Böhmen gehörte, große Veränderungen einläutete. Der Zweite Weltkrieg hatte jedoch noch weitaus dramatischere Auswirkungen auf das Leben meiner Großeltern.

In diesem Buch zeichne ich die Lebenswege meiner Großeltern von 1911–1948 nach. Die Grundlage dafür bilden Interviews, die ich mit ihnen in den 1990er Jahren getrennt geführt habe. Hauptsächlich ging es mir bei diesen Interviews um ihre persönlichen Erinnerungen an Familie, Jugend, Alltag, den Zweiten Weltkrieg, die Vertreibung und ihre Ankunft im damaligen Westdeutschland.

Als ich mich Mitte der 1990er Jahre entschloss, Interviews mit meinen Großeltern zu führen, waren sie beide schon Ende 80. Mein Ziel war es, ihnen jeweils ein kleines Büchlein mit den transkribierten Interviews, einem Stammbaum, Fotos etc. zu ihrem 90. Geburtstag zu schenken. Beide willigten zu meiner Überraschung sofort ein, mit mir über ihr Leben zu sprechen. Sie freuten sich natürlich über die Büchlein, aber ich denke, wichtiger war für sie, einfach noch einmal aus ihrem Leben erzählen zu können.

Dann lagen die Interviewbüchlein viele Jahre in meinem Bücherregal. Zunächst hatte ich keine Veröffentlichung geplant. Ab und zu überlegte ich, ob ich sie noch einmal aufnehmen und weiter bearbeiten sollte. Doch dieses Unterfangen scheiterte immer wieder an meiner eigenen Einschätzung der gesellschaftlichen Relevanz und auch vielleicht auch Akzeptanz eines solchen, doch recht persönlichen Dokuments.

Vor einiger Zeit brauchte ich für eine Familienaufstellung Daten über meine Familie. Da ich keine lebenden Familienangehörigen mehr habe, nahm ich mir die Transkriptionen noch einmal vor und stellte beim Lesen fest, dass diese Erinnerungen für mich über die Jahre wichtiger und wertvoller geworden waren. Ich stellte auch fest, dass sich meine Einschätzung bezüglich der Relevanz und auch der gesellschaftlichen Akzeptanz geändert hatte und entschied mich für eine Veröffentlichung.

Ich habe die Interviews so weit als möglich in ihrer ursprünglichen Form belassen. Da sie für mich einen erzählenden Charakter haben, habe ich sie dementsprechend aufgearbeitet. Lediglich an einigen Stellen erschien es mir notwendig, die Erinnerungen meiner Großeltern durch historische, geographische oder kulturelle Kontextverweise zu kommentieren. Aus heutiger Sicht sind einige Formulierungen meiner Großeltern politisch nicht korrekt, illustrieren aber sehr deutlich die Geisteshaltung ihrer Zeit.

Im ersten Teil habe ich die Texte chronologisch aufbereitet, im zweiten Schritt den geschichtlichen Hintergrund ausgeleuchtet. Teilweise gibt es ganz klare Bezüge, oft jedoch wird auf die historischen Ereignisse kaum eingegangen. Durch die Recherchen wurden für mich viele der Schilderungen meiner Großeltern anschaulicher und nachvollziehbarer. Es war nicht einfach, die einzelnen Stationen, speziell des Lebensweges meines Großvaters, nachzuvollziehen, aber mit Hilfe von Landkarten, alten Fotos und dem Internet war es teilweise wie ein spannendes Detektivspiel.

Im Nachhinein stelle ich fest, dass ich dem Textverarbeitungsprogramm eigentlich auch Dank schulde, es identifizierte über die fehlerhafte Schreibweise von Wörtern punktgenau meine Wissenslücken, wie zum Beispiel Schreibweisen von Namen und Orten. Diese rotunterkringelten Wörter wurden für mich zu „Schlüssellöchern" für viele überraschende Einblicke in die Welt der 1920er bis 1950er Jahre.

Das Internet war natürlich eine große Hilfe. Meine Recherchen wurden dadurch enorm beschleunigt und lieferten mir Informationen, die man in dieser Form vermutlich kaum woanders finden kann. Ich stellte fest, dass es viele neue Publikationen in Deutschland, Österreich und zunehmend auch in der Tschechischen Republik gibt, die sich mit dem Thema Vertreibung beschäftigen. Klar ist, dass die zeitliche Distanz es uns ermöglicht, die Geschehnisse anders zu verarbeiten als es die unmittelbar Betroffenen konnten. Trotzdem hat es hat mich überrascht, neben dokumentarischer

Literatur und Romanen zu diesem Thema, auch eine Anzahl akademischer Qualifizierungsarbeiten zu finden, in denen sich Studierende mit der Geschichte ihrer vertriebenen Familien im wissenschaftlichen Kontext beschäftigen. Diese Art der Auseinandersetzung wäre in meiner Generation noch nicht möglich gewesen.

Auf zwei meiner Funde möchte ich hier kurz eingehen. Es ist vermutlich ein Phänomen, das Hobby-Ahnenforscher schon kennen, aber es hat mich selbst überrascht, wie überwältigt ich war, als ich zum ersten Mal auf „handfeste" Spuren meiner Familie gestoßen bin. Als bräuchte man einen Beweis dafür, dass die Familienangehörigen wirklich gelebt haben. Nicht nur in Erzählungen im Familienkreis, sondern auch in der Wahrnehmung Anderer.

Da mein Vater aus Breslau stammt, versuche ich, auch über diesen Familienzweig mehr Information zu bekommen. Im Internet fand ich eine Datenbank, die mit den Daten aus dem Breslauer Telefonbuch von 1941 gefüttert wurde. Dort konnte ich zu meiner großen Freude über die Eingabe des Namens meines Großvaters väterlicherseits, seine damalige Adresse in Breslau ausfindig machen.[1]

Auf einer tschechischen Website[2], auf der zahlreiche Fotos über „verschwundene Orte" liegen, wie das Dorf Kunnersdorf-Hütte, in dem mein Großvater ge-

---

[1]   http://www.breslau-wroclaw.de/de/breslau/ab/1941/

[2]   http://www.zanikleobce.cz/

boren ist, fand ich ein Foto meiner Ururgroßeltern von 1916 (siehe Buchumschlag). Sie führten das Gasthaus „Zur Sonne". Auf dem Bild posiert die ganze Familie vor dem Gasthof für den Fotografen. Nach einigen Eingaben in tschechisch-deutsche Übersetzungstools und zwei Emailanfragen, fand ich heraus, dass das Foto Teil einer Ausstellung war, die ausgerichtet wurde von einem Museum in Chomutov/ Komotau, dem Oblastní muzeum v Chomutově. Von dort bekam ich postwendend eine freundliche Rückantwort auf meine Email, mit der Erlaubnis, das Foto zu verwenden, und außerdem noch weitere Fotos vom historischen Kunnersdorf.

Wer in diesem Buch die Beschreibung außergewöhnlicher Lebenswege erwartet, wird enttäuscht werden, denn das Schicksal meiner Großeltern war, wenn man journalistische Maßstäbe anlegt, nicht besonders. Sie waren „ganz normale" Menschen ihrer Zeit, weder im sudetendeutschen Widerstand noch leidenschaftlich in der nationalsozialistischen Bewegung engagiert. Ihre Erzählungen zeigen jedoch sehr deutlich, wie eng ihr Leben, besonders das meines Großvaters, mit dem ihrer tschechischen Landsleute verknüpft war. Erstaunt haben mich auch die oft sehr differenzierten Betrachtungen meiner Großeltern, die so gar nicht zu meinem Bild der Menschen dieser Zeit passten. Sie illustrieren für mich sehr eindrücklich, warum es so schwer war und ist, eine geschichtliche Trennschärfe zu produzieren oder um mit Bismarck zu sprechen, warum „Böhmen eine Gleichung ist, die nicht aufgeht".

Dieses Buch ist ein persönliches Dokument, kein wissenschaftliches, und erhebt demzufolge keinen Anspruch auf Repräsentativität, Vollständigkeit oder Objektivität. Meine Großeltern teilten mir als Enkeltochter biographische Details, ihre Sicht auf die Geschehnisse und ihre Meinungen dazu mit. Mir ist auch klar, dass meine Rolle als interviewende Enkelin einen mehr oder weniger großen Einfluss auf die Rekonstruktion der Erinnerungen meiner Großeltern hatte.

Den Titel dieses Buches: „Schlaf gut, Böhmen!" verstehe ich nicht als politische Aussage, sondern als eine liebevolle Geste. Ich habe ihn gewählt, in Anlehnung an einen *Schlafspruch*, den meine Großmutter uns Kindern manchmal aufgesagt hat (wobei ich mir die Freiheit nehme, hier den jeweiligen Namen eines Kindes mit Böhmen zu ersetzen):

„Heia, buje, sausel
Des Katzel is nich zu Hause
Des Hundel tut des Hasel jagen
Tu mer Böhmen schlafen tragen."

Claudia Nentwich, Berlin, 3. Oktober 2015

Wegpunkte

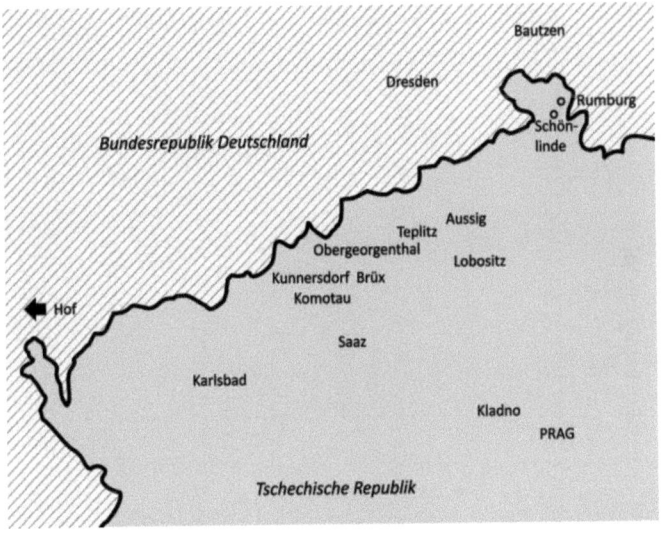

Großvater 1911–1938 ● Lehrjahre

Franz Xaver Bittner, geboren am
11.04.1911 in Kunnersdorf-Hütte
† 8.10.2004 in Augsburg

Die Jugend war herrlich! Zum Frühstück gab´s Butter-
brot, wir hatten vier Ziegen. Da hat es Butter gegeben, auch Milch. Der Vater war 1914–18 eingerückt
nach Belgrad, in den Ersten Weltkrieg. Aber Hunger
haben wir nicht gelitten, weil, er war ja bei der Bahn
und da hat man ein Deputat[3] gekriegt. Da sind wir
zwei Großen immer mit´m Wagl runter gefahren und
haben die Mutter begleitet bis nach Eisenberg zum
Bahnhof und da haben wir Erbsen gekriegt, Linsen,
Mehl und Rohrzucker. Nein, wir haben keine Not gelitten! Wir haben auch Geld gekriegt, denn das war ja
ein Beamter, der Vater. Er war ja Bahnrichter[4].

Der Vater war auch sehr angesehen, er ist in Neudorf-
Herrlich geboren, das ist bei Dux. Wann, weiß ich
nicht mehr. Rauskriegen kann man das schon, da muss
man nach Neudorf schreiben, an die Pfarrei, da müss-
te das alles liegen. Aber er ist in Kunnersdorf-Hütte
gut angekommen. Er war bei der Feuerwehr und im

---

[3] Arbeitsentgelt in Naturalleistungen stammt aus einer Zeit, in der
die Bedeutung des Gelds aufgrund fehlender Einkaufsquellen ge-
ring war. Wichtig war ein Deputat im 18. und 19. Jahrhundert in
abgelegenen Gegenden, in denen es keine Geschäfte gab.

[4] Rottenführer bei der Eisenbahn, zuständig für die Erhaltung der
Bahnanlagen.

Gemeinderat. Der war gut angesehen als Eisenbahner und Bahnrichter. Der Großvater war auch bei der Feuerwehr, ein kleines *Mannerl*. Weißt du, die Erzgebirgler waren ein bisschen kleiner. Dunkle Haare. Aber gesund waren sie! Der hat auch die Dreherei übernommen von seinem Vater. Aber der Großvater ist nicht draußen geblieben im Erzgebirge, der hat das hinnen gemacht in Kunnersdorf-Hütte. Der hat oben seine Dreherei gehabt, sie hat die Gastwirtschaft gemacht.

Meine Mutter war seine zweite Frau. Ich bin der erste von der zweiten Frau und dann sind die anderen Kinder gekommen. Wir waren ja fünf Kinder aus der zweiten Ehe meines Vaters. Von seiner ersten Frau waren viere, die ist gestorben. Da waren die Miez, der Ferdinand, der Karl und der Joseph. Der Joseph ist nach Bludenz gegangen, der war Betriebsingenieur in einem Elektrowerk. Der hat das Militär nicht mitgemacht in der Tschechoslowakei. Der hat sich gedrückt, der war der Gescheiteste! Die Miez, die war bei einem Bauer als Magd. Der Nand war Knecht und der Karl war ein Musiker, der war aber auch auf dem Grohmannschacht und dem Ellyschacht im Bergbau.

Der Vater war ein gelernter Schuhmachermeister. Er hatte ein großes Diplom im Wohnzimmer hängen gehabt. Gesellen hat er auch gehabt. Er war ein tüchtiger Kerl und dann ist er zur Bahn gekommen. Das war noch in Österreich, als Böhmen noch bei Österreich war (singt und lacht). Das war vor 1918[5]. Du weißt ja,

---

[5] Staatsgründung der Tschechoslowakischen Republik.

erst waren wir Österreicher, dann Tschechen und dann Deutsche. Naja... Als der Vater gelernt hat, war es ja noch so 1890. Er war auch bei der freiwilligen Feuerwehr. Wenn es ein Feuer gab, haben wir ihm geholfen. Wir sind auf den Dachstuhl raus und haben mit seinem Feuerhorn Feuer geblasen. Er hat sich derweil schnell angezogen drunten!

Urgroßvater Ferdinand Bittner,
geboren 1887 in Neudorf/Herrlich bei Dux,
verschollen 1945 bei den Wilden Vertreibungen

Kapellmeister war der Vater auch. Die haben daheim auf dem Dachboden geprobt. Ich hab die [anderen Musiker] oft müssen holen. Den Jugl, der war Posaunist und den Schifan, der war Kontrabass. Die haben dann oben gespielt und die Leute haben unten auf der Straße getanzt. Ja, das war angesehen! Der Oswald, mein Bruder, hat Klarinette geblasen, mein

19

Halbbruder Karl hat Flügelhorn geblasen. Das war ja auch dem Vater sein Augenstern. Der war berühmt und hat eine eigene Kapelle geführt. Der hat vom Köhler Kapellmeister einen Teil Leute gehabt und hat im Eisenberger Hotel Tanzmusik gespielt, richtig professionell. Da bin ich immer mitgegangen und war stolz, wenn ich sein Flügelhorn tragen konnte. Manchmal haben die sich oben auf einen Balkon gestellt und feste geblasen und dann haben die unten geklatscht wie verrückt. Das war schön, da konnt ich mitgehen!

Mit vierzehn Monaten hab ich eine schwere Krankheit gehabt und wär fast daran gestorben. *Des* war so: der Vater ist mal heim gekommen und hat zur Mutter gesagt: „Nimm den Buckelkorb, wir holen Ziegenfutter!" Na, der mäht geschwind und da haben sie mich hingesetzt, ins Gras. Es war aber schon kalt und da bin ich krank geworden. Wir sind heim gekommen und ich hab Fieber gekriegt. 42 Grad Fieber und ein bißl drüber.

Dann haben sie den Arzt geholt, den Dr. Schimek. Von Eisenberg ist er gekommen mit seinem Steirerwagl. Ein Steirerwagl ist wie eine Kutsche, ein Einspänner. Ja, da ist er gekommen und hat gesagt, er kann da nicht helfen, der Bub ist schwer krank. Er zweifelt, dass er überhaupt noch durchkommt. Ich hab angeblich wie im Wahn mit dem Kopf immer so *rüber und nüber* gehaut, weil ich halt weg war. Da hat die Mutter so geweint. Das weiß ich noch, obwohl ich so klein war, kann ich mich daran erinnern.

Meine Mutter hatte eine gute alte Freundin, die Frau Brokl. Die kam immer zu uns und kannte sich aus mit dem Kräuterzeug und solchen Sachen. Die hat meine Mutter dann zu Rate gezogen und die hat gesagt: „Wenn der Junge schon sterben soll, dann wenden wir das noch an!" Na, dann haben sie Spitzwegerich gepflückt und Jauche vom Bauer geholt und den rein getan und gemischt. Ich wusste ja nicht, was ich trinke. Und in ein paar Minuten war das Fieber weg. Das erzähle ich jetzt den Ärzten oft. Damals konnte kein Arzt helfen, die hatten ja nicht die Sachen gehabt, die sie heute haben, Spritzen oder so, nix! Auf einmal war ich wieder munter und hab rausgelächelt.

Dann kam der Arzt in der Früh und hat mich angeschaut: „Ein Wunder", sagt er, „Frau Bittner, ein Wunder! Aber er wird was davon tragen von der Krankheit." Durch diese Hitze, dieses Fieber, hab ich es auf den Bronchien gekriegt, aber mit diesen Bronchien hab ich mich immer gehalten, mein ganzes Leben! Wir haben Sport getrieben, wir zwei Jungs, der Oswald und ich. Schlagball, und gerannt sind wir wie die Wilden. Und so hab ich das Ganze überwunden, bloß haben sie mir auf der Arbeit immer gesagt: „Mensch, Franz, du schnaufst wie eine Dampfmaschine!" Sag ich, „Aber ihr macht auch nicht mehr als ich, obwohl ich so schnaufe!"

Die Mutter war sehr gut! Da könnt ich heulen, wenn ich an derer denk. Zu Weihnachten hat sie Striezeln[7]

---

[7] Stollen

gebacken, zu Ostern hat sie Osterlabeln gebacken und wir hatten immer unser eigenes Brot. Wir haben ja auch Felder gehabt, Roggenfelder. Da gab's dann Roggenbrot. Sie musste viel arbeiten. Ich hab der Mutter aber auch viel geholfen daheim.

Urgroßmutter Emilie Bittner, geborene Hortig, geboren 1895 in Kunnersdorf-Hütte, gestorben 1929

Mein Halbruder, der Ferdinand, war oft beim Onkel, der war ein großer Bauer. Da hat er gearbeitet und da haben sie ihm, wie eine Abfindung, eine Kuh geschenkt, eine junge. Und die junge Kuh hab halt ich dann gemolken für die Mutter. Ich hab das selber gelernt. Schon bei der Tante hab ich immer probiert und die Milch in die Luft gespritzt. Dann hab ich gesagt, ich kann das auch! Und wenn ich die Milch rein gebracht hab, haben die Leute schon drauf gewartet und gesagt: „Herrgott, heut hat der aber einen Schaum drauf der *Mo* [Mann]!"

Der Vater hat mich auch tüchtig rangenommen. Ich bin der Älteste und musste auch beim Vater viel mithelfen. Einmal hat er mir eine kleine Sense zusammen gericht, da sind wir auf die Wiesen gegangen und haben Gras gemäht miteinander. Ich hab auch ausgemistet, da hab ich immer fünf Kronen gekriegt, für die ganze Woche fünf Kronen. Ich hab mir das so zusammengespart. Und dann hatte ich fünfzig Kronen zusammengehabt und da sagt die Mutter: „Horch, was machst du denn mit dem Geld? Ich täts brauchen. Ich möchte für die zwei Mädeln, für die Frieda und für die Linel, da gäbs billige Bettwäsche." Die würde sie kaufen, aber sie bräucht fünfzig Kronen. Sag ich: „*Des kannst de ham, Mutter!*" Ich gebs dir schon wieder, hat sie gesagt. Das war für die Aussteuer. Die eine war zehn, die andere acht.

Meine Mutter ist geboren in Kunnersdorf-Hütte, das ist eben schwer[8]. Ihre Eltern hatten eine Gastwirtschaft, das Gasthaus „Zur Sonne" in Kunnersdorf-Hütte. Das ist mein Heimatdorf, da bin ich geboren: in Kunnersdorf-Hütte! Meine Mutter hatte zwei Schwestern und zwei Brüder. Sie war die Älteste. Sie

---

[8] Seit den 1960er Jahren rückte der Braunkohlentagebau auf das Dorf zu. Die Einwohnerzahl wurde stark rückläufig. Zu Beginn der 1970er Jahre wurde das Dorf aufgelöst. Am 30. Juni 1974 erlosch die Gemeinde Kundratice/Kunnersdorf und wurde vollständig abgebaggert. An seiner Stelle befindet sich heute ein Tagebaugelände. http://de.wikipedia.org/ wiki/Kundratice _%28 Vysok%C3%A1_Pec %29.

war gelernte Köchin und hat in der Gastwirtschaft immer mitgekocht. Ihre Schwester Änni hat einen Bergmann geheiratet, der war ein Tscheche. Die haben dann Scheppeck geheißen, aber er konnte perfekt deutsch sprechen. Sie hatten auch drei Kinder, die Franni, die Marie, und den Oswald. Mein Vater ist zufällig nach Kunnersdorf-Hütte gekommen und hat dann die Mutter im Gasthaus kennengelernt und wollte sie gleich heiraten.

Ururgroßeltern Hortig vor dem Gasthaus „Zur Sonne", Kunnersdorf 1916, Bildabdruck mit freundlicher Genehmigung des Oblastní muzeum v Chomutově

Meine Großmutter, seine Schwiegermutter, hat ihm dann aber gesagt: „Eins sagt ich dir, du kannst sie haben, aber die Emilie, das ist meine Tochter und bleibt meine Tochter so lange ich lebe!" Meine Mutter war sehr beliebt bei den Leuten, die haben immer gesagt:

„Wenn die Emilie gekocht hat, dann kommen wir!" Ja, da war immer was los! Das war meine Mutter!

Es gab noch meine Urgroßmutter mütterlicherseits. Die Urgroßeltern stammten beide aus dem Erzgebirge. Der Urgroßvater hat so eine kleine Dreherei gehabt, weißt schon, die *Manneln*[9] *do* und des Zeug, was sie da gemacht haben im Erzgebirge. Wenn ich dort hingekommen bin, dann hieß es immer: „Na, Franzl, was treibt dich denn her zu uns, hast du denn Appetit auf eine Sirupschnitt?" Sag ich, „Naja, wenn du hast! Ess ich schon." „Aber weißt du", hat sie dann gesagt, „du kannst dem Großvater ein bisschen helfen Holz aufschlichten." „Ach, das tu ich gerne Großmutter!" Ich war willig, sie waren ja auch schon alt.

Ich hab auch von den Großeltern nichts mehr gehört. Man hatte keine Beziehungen mehr gehabt, denn jeder musste schauen, dass er vorwärts kommt. Die sind dann weggestorben, aber ich bin nicht zur Beerdigung gekommen, denn als die weggestorben sind, war ich ja in der Tschechei.

Die Mutter hatte auch eine Schwester da in Bergen. Im Winter haben sie Kohlen geholt von unten und da haben sie dann Zuckerrüben mit runter gebracht. Da hat die eine Großmutter Zuckerrüben gekriegt und die andere auch. Da war ja noch eine Großmutter, aber die kannte ich eigentlich kaum. Wir sind sogar weitläufig verwandt durch den Bergner Onkel mit

---

[9]   Erzgebirgsschnitzerei

Andreas Hofer[11]. Der war in Südtirol und hat das gegen die Franzosen verteidigt. Da gibt es noch ein Lied, wenn du heute nach Südtirol kommst, dann hörst du das in jedem Ort.

Der Bruder von meiner Mutter war ja ein großer Bauer, vorher war er Bürgermeister. Die hatten ein großes Stück Land, zu den Ferien war ich immer dort. Da gab es dann eine Zeit lang die Bauernjagd. Da war ich dann auch dabei. Mit dem Ferdinand, der beim Onkel oben als Knecht war, bin ich auch gut ausgekommen. Das war ein guter Kerl, ein ganz guter Kerl! Als der Vater eingerückt ist, kam er wieder heim. Eines Tages hat er gesagt, komm wir gehen Holz holen. Die Mutter war auch einverstanden. Und da sagt er: „Ach komm, da machen wir eine Feier, da kratzen wir ein paar Kartoffeln raus und legen sie ins Feuer." Es war ja Krieg, viel zu essen hatten wir ja nicht. Er war schon dreizehn und ich war sechs Jahre alt und da bin ich halt mit.

Wir sind dann in den Wald und haben ein Feuer gemacht. Aber da kommen die Dittmannin und die Kästlerin mit ihrem Buckelkorb Holz vorbei und sagen: „Was machts ihr?" Die waren ja unsere Nachbarn und haben es dann gleich erzählt daheim. Gleich sind ihre zwei Jungs gekommen. Das haben wir uns aber schon gedacht und da haben wir das Feuer geschwind ausgelöscht und sind ab. Aber die haben weiterge-

---

[11] Anführer der Tiroler Aufstandsbewegung von 1809.

schürt und unsere Kartoffeln gegessen, die waren fertig.

Der Ferdinand hat dann gesagt: „Weißt du was, wir machen zum Land rüber!" Das ist dort, wo die Bauern sind, das Saazerland[12]. Zu denen sind wir hin gegangen und haben zu essen gekriegt. Beim Bürgermeister ein Gulasch und Kartoffeln. *Mei, da konnten wir uns anhaun!* Aber es hat nicht lang gedauert, dann haben sie uns gesucht, mit der Polizei. Weil wir da draußen Feuer gemacht haben und da ein großes Stück Wald abgebrannt ist. Aber es hat sich dann schon geklärt, dass das die anderen gemacht haben.

Ja, mit sechs Jahren bin ich schon mit ihm rumgetippelt. Barfuß, die Füße waren zwar voller Blasen, aber egal. Wie die Zigeuner. Aber des hat mir nichts ausgemacht, des war schön für mich, mit ihm zusammen rum zu *streunern*. Und dann hat der Ferdinand gesagt. „Weißt du was, das hältst du doch nicht aus, das von einem Bauern zum anderen. Ich schaff dich wieder heim und hau wieder ab!" Er hätt ja Arbeit gefunden, aber mit mir nicht. Die Mutter war froh, dass ich wieder gekommen bin. Sie hat mich gebadet und ins Bett gelegt und ich hab zwei Tage lang geschlafen. Ich war weg!

Aber der Bruder ist natürlich wieder fort und hat sich halt rumgetrieben bis der Vater auf Urlaub heimkommen ist und ihn hat suchen lassen. Er war aber

---

[12] Die Stadt Žatec/Saaz liegt inmitten einer fruchtbaren Region, in der seit Jahrhunderten Hopfen zur Bierbrauerei angebaut wird.

nicht zu finden. Dann haben sie ihn dort gesehen und dort gesehen, und da ist der Vater dann hingefahren. War das ein Theater! Der Ferdl ist dann schließlich wieder rauf zum Onkel und dort ist er geblieben bis zum Schluss. Ich hab ihn dann nicht mehr gesehen. Er ist im Krieg zur Luftwaffe gegangen und dann war er verschollen.

In dem Jahr bin ich auch in die Schule gekommen. Acht Jahre war ich in der Volksschule. Zwischenrein haben wir Geigenstunden gemacht, der Bruder und ich, beim Köhler Kapellmeister. Ich hab immer eine mit dem Geigenbogen gekriegt. Der Bruder war kleiner und da konnte er immer gut drüber langen. Der Hertl Lehrer hat mich auch geschlagen, wegen dem Rauchen. Da hab ich dann eine Vier gekriegt, weil ich geraucht hab. Abends musste der Vater ins Konferenzzimmer kommen und hat zum Hertl Lehrer gesagt: „Eins sag ich Ihnen – und da ist er mit dem Finger an seine *Nas higangen* – wenn Sie was haben, das sagen Sie mir! Meinen Sohn schlag ich, aber Sie vergreifen sich nicht mehr an ihm, sonst kriegen Sie das zurück!" So war mein Vater. Und deswegen war ich auch stolz auf ihn.

Der Jugl, der Posaune gespielt hat, hätt mich auch fast mal erschlagen. Der Vater ist in den Dienst gegangen und hat mir aufgetragen, Sämlinge zu holen. Dann haben ich und mein Cousin, der Hortig Franz, uns einen Wagen vom Großvater geborgt und sind los gefahren. Wie wir retour gekommen sind, haben wir einen Baum gesehen mit Holzbirnen. Da haben wir halt Steine genommen und Zielschießen gemacht. Da kommt der Jugl und hat gesagt, er wird uns anzeigen. Da hab ich geantwortet: „Das geht Sie gar nichts an, der Baum. Das sind ja Holzbirnen, die kann ja niemand essen!" Der Frechste war ja ich.

Franz und Oswald Bittner, Kunnersdorf-Hütte, 1926

Da sagt er, ich soll nicht so frech sein und ist heimgegangen auf seinen Giebel nauf. Und ich nehm so einen angebissenen Kriepsch und schmeiß ihn, ich wollte ihn nicht treffen, und schmeiß und treff ihn hinten am Buckel. Er kommt zurück, *mir war fei nich alles aans*. Ich hab gedacht, Mensch, jetzt kommt der zurück, jetzt gehts mir dreckig! Der hat mit seinem Stecken, die hatten alle kräftige Stecken damals, der

Vater ist ja auch mit einem Stecken gegangen, nach mir geschlagen. Der hat ja gesumst in der Luft! Ich hab mich gebückt und er hat den Stecken an die Telegrafenstange hingeschlagen und der ist in drei Stücke zerbrochen. Sagt er: „Von dir werd ich's dem Vater sagen!" Als ich heimgekommen bin und der Vater ist von der Schicht gekommen, hab ich's ihm gleich selber erzählt.

Als meine acht Schuljahre rum waren, ist die Mutter mit mir zum Galanterietischler[13] gegangen. Da hab ich drei Monate Galanterietischler gelernt. Einen Tag haben 30 Eier gefehlt. Der Bruder war gekommen und hat mir Mittagessen gebracht und dann hat der Sohn vom Tischler behauptet, dass in dem Kastrol die Eier drinnen wären. Das hab ich der Mutter gesagt, und die hat gesagt: „Das ist eine Schweinerei, wir haben mehr Eier als sie!" Ich bin auch gar nicht für Eier. Wir haben es dann rausgekriegt, wer die Eier genommen hat. Der Geselle vom Tischler ist mit der Dienstmagd gegangen, die hat ihm das Nest gezeigt mit den Eiern, und er hat sie mit heim genommen. Die waren ärmer die Leute, die haben die Eier gebraucht.

Aber den Sohn vom Tischler, der mich angeschwärzt hat, den haben wir noch erwischt. Wir sind ins Kino gegangen und haben ihn dort getroffen, im schönsten Anzug. Mein Bruder hat gesagt, dem werden wir helfen und hat ihn mit Dreck eingeschmiert, weil der mich so verdächtigt hat. Da hab ich zur Mutter ge-

---

[13] Kunsttischler für kleine, elegante Möbelstücke und Accessoires, wie sie im Rokoko beliebt waren.

sagt, bei dem bleib ich nicht mehr und bin da weg gegangen.

Ich war kaum drei, vier Tage daheim, da kommt der alte Blattlaus, der ist immer mit dem Leierkasten rumgelaufen von Haus zu Haus, und sagt: „Du wärst doch ein Kerl für meinen Sohn!" Sein Sohn war Oberschweizer[14], also Obermelker in Schönlinde im Landkreis Rumburg. Da war ein großes Gut mit 100 Stück Kühe, und die brauchten die Leute dazu. Der Blatt hatte drei Brüder, die waren alle drei Oberschweizer. Er war schon drüben in Brandenburg und Mecklenburg in den großen Gütern Schweizer gewesen. Da hab ich gesagt, ich könnte mir das vorstellen, ich würde schon hinmachen. Dort hab ich es dann gut getroffen! Als ich die Freistelle als Schweizer gehabt hab, hab ich gut verdient und da konnte ich die Lehre mit erledigen. Ich hab auch nur zwei Jahre gebraucht, weil ich mich schon auskannte.

Ich hab dann auch meine Papiere gekriegt, abgestempelt vom Kreisbezirksamt, wie das damals geheißen hat in Prag, und war damit dann Unterschweizer, also Geselle. 1929 hat der Blatt zum Wehrdienst bei den Tschechen einrücken müssen und hat zu jedem gesagt: „Der Franz führt die Sache und wer ihm nicht horcht, der kriegt es mit mir zu tun, wenn ich heim komm!" Es war auch wirklich so, ich hatte den Verwalter auf meiner Seite. Ich muss sagen, ich war wie der eigene Sohn bei dem, ich hatte alles gehabt.

---

[14] Melker, Kuhhirten und Pfleger der Viehherden. Sie kamen angeblich aus der Schweiz, daher der Name.

Ich war 18 Jahre, da ist die Mutter gestorben. Ach, das war zu früh! Ich war ja in Rumburg, bei Schönlinde, und da ist der Vater mit ihr auf eine Pilgerfahrt nach Philippsdorf[15] gekommen, das war eine Wallfahrtsstätte, wie Lourdes. Das war gleich in der Nähe, da hab ich sie besuchen können. Ich weiß, dass ich noch zu ihr gesagt hab: „Na, wenn ich heim komm, dann kannst du mir eine Torte backen!" Der Vater hat mir dann kurze Zeit später geschrieben: Sie wird dir keine Torte mehr backen können, sie ist im Krankenhaus. Ich wollte sie noch besuchen, aber als ich aus dem Haus gegangen bin, kam das Telegramm: Die Mutter ist gestorben!

Sie liegt in Komotau auf dem Friedhof, da ist sie beerdigt worden. Ich war bei der Beerdigung. Die Mutter hätte sollen noch mal ein Kind kriegen und da war sie aber schon so alt und hat sie sich geniert. Die Marie, ihre Kusine, hat gesagt, sie weiß eine, so eine Engelmacherin, die macht ihr das weg. Naja, das war es halt und das hat halt nicht geklappt. Die Mutter war erst 45 Jahre alt.

Nach dem Tod meiner Mutter war ich viel bei meiner Lieblingsschwester, der Miez. Als ich noch in die Schule gegangen bin, war sie bei einem Bauern in Olbersdorf als Magd, beim Minzel. Da hab ich sie oft besucht. Dann ist die Miez weg gegangen von dem Bauern und hat beim Vater mitgearbeitet, bei der

---

[15] Ende der 30er Jahre des 20. Jahrhunderts wurde Philippsdorf als „Nordböhmisches Lourdes" bezeichnet und zählte zu den meist besuchten Wallfahrtsstätten Mitteleuropas.

Bahn. Da haben sie Gras gerupft auf der Strecke[16], denn die war mitten in den Feldern. Dann ist sie mit dem Helbig zusammengekommen und hat geheiratet, sie haben dann in Olbersdorf gebaut. Die Helbig Schwiegereltern in Olbersdorf haben mit Obst, Gemüse, Brot, Gurken gehandelt. Da hab ich mit ihrem Schwager in den Ferien bei den Kirschen und Äpfeln gewacht, dass sie die nicht klauen. Ich weiß nicht warum, aber ich bin am liebsten zu ihr gegangen. Die Mutter war ja nicht mehr da und beim Vater, was wollte ich beim Vater?

Mit 21 Jahren bin ich dann nach Prag gegangen und hab dort alle drei Klassen Führerschein gemacht. Ich wollte nicht mehr in Schönlinde als Schweizer arbeiten, das hat mir nicht so richtig behagt. Ich bin dann selbständig gegangen als Schweizer nach Horni Chabry, das war bei Prag. Tschechisch konnte ich ja dann schon und konnte mich perfekt unterhalten.

---

[16] „[...]1884 errichtete man eine Haltestelle zwischen Eisenberg und Kunnersdorf und zwar am Rande Bartelsdorfs und erst am 15. Mai 1933 hielt der erste Zug in Kunnersdorf. ...Die Direktion der Staatlichen Eisenbahnverwaltung hielt die Einrichtung einer Haltestelle in Kunnersdorf lange Zeit für nicht notwendig, da die Orte Kunnersdorf, Hohenofen und Schimberg als weit ab vom Schuß galten und für die Verkehrsabwicklung uninteressant waren. Man richtete zunächst die Haltestelle Neudorf ein, und zwar geographisch so, daß die Ortschaften Kunnersdorf, Schimberg, Hohenofen und Neudorf einen gleichen Fußweg von einer halben Stunde zur Bahn hatten. Die Haltestelle stand also mitten in den Feldern mit einem Gebäude für die Bahnabfertigung, einem Bahnwärterhaus und einem Wirtshaus. Wenn man sich erinnert, war diese Haltestelle auf halbem Weg von Hohenofen nach Neudorf, also mitten im Feld." (siehe http://www. kunnersdorf-im-erzgebirge.de/Eisenbahn.htm).

Später war ich dann beim Seyfried in Kunratice, das war eine Vorstadt von Prag und dort hab ich alles Mögliche gemacht. Ich hab Wagen hergerichtet und hab auch den roten Kies gefahren, für die Tennisplätze. Da war ich dann zwei Jahre und dann musste ich einrücken zum Wehrdienst bei den Tschechen. Ich war sogar auf der Unteroffiziersschule, aber sie wollten mich keinen Abschluss machen lassen[17]. Die haben einen da schon schikaniert, aber weil ich gut tschechisch konnte, bin ich gut durch gekommen.

Als sie mich entlassen haben, bin ich wieder in die Heimat zurückgegangen nach Kunnersdorf. Ich wollte zur Bahn, weil es hieß, die die gedient haben, können Staatsdienst beanspruchen. Entweder Bahn, Post oder Polizei, die drei Sachen. Ich wollt immer schon in den Staatsdienst. Hab immer gedacht, der Vater war auch Rottenmeister[18], das war mein Antrieb. Dann hab ich mich gemeldet, bin aber nicht bei der Bahn angekommen. Die haben mich nicht genommen, da konnte ich machen, was ich wollte.

Trotzdem wollte ich vorwärts kommen und bin dann halt nochmal für ein Jahr da zu dem großen Gut bei Schönlinde, wo ich gelernt hab, beim Blatt. Dort habe

---

[17] Sudetendeutschen wurden als Staatsangehörige der Tschechoslowakei zum zweijährigen Wehrdienst eingezogen. Es gab zwar deutsche und ungarische Offiziere; doch sie waren deutlich unterrepräsentiert, da zum Aufstieg in die Offiziersränge perfekte tschechische Sprachkenntnisse erforderlich waren, die viele Deutsche nicht vorweisen konnten.

[18] Vorarbeiter oder Chef einer Rotte (gewisse Anzahl von Leuten); Dienstgrad bei der Bahn oder Feuerwehr, früher auch beim Militär.

ich wieder den Dampfer [Dampfmaschine] in die Hände genommen und das Getreide gedroschen. Als Schweizer haben wir früh gefüttert und abends gefüttert und gemolken. Dann hab ich den ganzen Tag Zeit gehabt, von halb zehne bis nachmittags um viere, da sind wir erst wieder in den Stall gegangen. Da hab ich untertags dem Schmied geholfen. Schmied und Schlosser ist nicht viel Unterschied. Es war eine große Schmiede dort, da hab ich dann auch schon mitgeholfen, und das nebenbei mitgelernt. Das sind dann gleich zwei Berufe, die ich mir so praktisch erkämpft hab damit. Und weil ich vorher den Schweizerberuf erlernt hab, konnte ich eine Umschulung zum Maschinist machen. Die Papiere hatte ich dann auch, halt auf Tschechisch.

Mein Schwiegervater hat ja alles verbrannt, meine Papiere und alles. Ich hat ja mein ganzes Hab und Gut in einem Korb. Er hat alles verbrannt, weil er es nicht lesen konnte und Angst hatte. Die brauchten den Korb zum Ausreisen, als sie *ausgewiesen* wurden. Meine Frau hat mir das ja selbst gesagt, dass er das Zeug ausgeschüttet und angezündet hat.

Ich war dann bis zum Umsturz[19] bei den Großgütern, wo ich als Schweizer gearbeitet hab, auch als Maschinist. Das ging gut, bis ich mit dem Chef bös zusammen gekommen bin. *Des* war so, ich hatte mehrere Gesuche geschrieben. Dann hab ich eines Tages zu meinem Chef gesagt: „Ich hab doch Gesuche geschrieben nach Teplitz zur Bahn oder zur Polizei. Die müssen doch wenigsten Antwort schreiben, auch wenn sie mich nur ablehnen. Aber ich krieg nichts, wird mir die Post unterschlagen?"

Und das war auch so. Da ist er wild geworden und schickt dann zu so einem Gauleiter, solche Brüder da. Der kommt und fängt mit mir einen Händel an und sagt: „Wissen Sie, wo Sie hingehören: ins KZ!" Sag ich, das ist traurig, denn ich hab in meinem Leben noch nichts mit dem Gericht oder so was zu tun gehabt. Ich hab zwei Jahre bei den Tschechen gedient und ich hätte das Recht, so eine Stelle zu kriegen. Er meinte dann, ich wäre ein Kommunist. Da hab ich frech gesagt: „Wenn ich ein Kommunist bin, dann sind Sie ein Jude!"

---

[19] Vermutlich bezieht sich Umsturz an dieser Stelle auf die sogenannte Sudetenkrise. Die Sudetenkrise war die Auseinandersetzung zwischen der Tschechoslowakei und dem Deutschen Reich um das Sudetenland im Vorfeld des Zweiten Weltkriegs. Die Krise führte durch die Abspaltung der Slowakei zur Teilung der Tschechoslowakischen Republik und zur anschließenden Besetzung des tschechischen Teils durch das nationalsozialistische Deutschland. Das Münchener Abkommen (29. September 1938), besiegelte den Anschluss des gesamten Sudetenlandes an das Deutsche Reich (siehe https://www.bundestag.de/ blob/194724/ 7f691a21e2573143df5f987235c7adee/muenchner _abkommen-data.pdf).

Vor dem Gauleiter, das war viel gesagt, denn der hätte mich ja wirklich wegbringen können. Das hätte er auch gemacht, doch er bekam keine Gelegenheit dazu. Ich hatte Glück im Unglück. Es war Winter und ich war so heiser, da bin ich am nächsten Tag zum Arzt gegangen. Der hat zu mir gesagt, Sie müssen warme Umschläge machen und brauchen ein warmes Zimmer! Da hab ich gesagt, das kann ich nicht machen, ich bin da oben beim Löbl. Da hat der gesagt: „Was?" Den hat es gleich erschlagen, den Arzt: „Beim Löbl! Dann kriegen Sie sofort Krankenhaus!"

Da war ich dann vier Wochen, obwohl ich am dritten Tag schon wieder reden konnte und gut beieinander war. Der Arzt, hat gesagt, ich kann wieder nach Hause. Aber ich hatte keine Lust, denn da gings mir gut. Da war so eine nette junge Schwester, mit der hab ich angebandelt. Bis Silvester bin ich geblieben, dann bin ich raus und zum Löbl gegangen, der musste mir die Papiere noch geben und mich bezahlen. Ich hab auch alles gekriegt und dann bin ich heimgefahren.

Der Vater hat derweil eine Wirtschafterin gehabt, die sollte uns die Wäsche waschen und wir wollten ihr dafür auch was geben. Aber sie hat gleich angefangen mit uns zu streiten und hat gesagt: „Ihr kommt da her und macht Theater!" Sie wollte uns wieder raus haben. Ich hab dann gesagt, dass die Leute schon sagen, dass sie haufenweise Kisten wegträgt. Das hat sie dann getroffen und sie ist weggegangen.

Bevor ich wieder nach Prag gefahren bin, hab ich dem Vater 1000 Kronen gegeben. Meine Schwester, die

Linel, hat einen Blähhals [krankhafte Vergrößerung der Schilddrüse] gehabt und ich hab zu ihm gesagt, das soll er doch operieren lassen, vielleicht ist es erblich von der Mutter. Sie hat sich auch operieren lassen, da hat man nichts mehr gesehen. Als ich wieder heimkommen bin, hab ich erfahren, dass der Vater auf dem Karl seiner Hochzeit mit den Hundertern richtig rumgeschmissen hat. Da hab ich zu ihm gesagt: „Wenn du mit Hundertern rum schmeißt und sie hat den Hals immer noch, dann ist das nicht schön!" „Ja, dann muss ich halt Geld aufnehmen", sagt er. Er wird es wieder gut machen. Dann hat er das Haus verkauft, obwohl es mir versprochen war. Aber ich wollt es nicht, das war wie eine Stimme, die sagt, du hast nichts davon.

Der Vater hat dann zur Untermiete gewohnt. Dort hab ich ihn besucht und so bin ich dann mit deiner Großmutter zusammen gekommen. Eines Tages fragt sie mich, ob ich mit dem Rasiermesser umgehen kann. Da haben die Frauen noch Bubikopf getragen und da haben sie hinten müssen ausrasiert werden. Da hab ich gesagt, ich rasier mich ja auch mit dem Messer. Dann hab ich sie ausrasiert und so sind wir zusammengekommen. Es hat nicht lang gedauert, da haben wir geheiratet, das war 1938.

Großmutter 1913–1938 ● Familie

Waltraud Selma Bittner, geb. Preißler,
geboren am 30.10.1913 in Obergeorgenthal, † 6.08.2004 im Kreis Augsburg

Ich bin am 30. Oktober 1913 in Obergeorgenthal[20],
Bezirk Brüx, geboren. Meine Urgroßeltern waren alle
in Obergeorgenthal. Die Preißler Großmutter, die
kam vom Gebirge raus. Ich weiß nicht, ich glaube, das
hat Reichsdorf geheißen. Mein Großvater mütterlicherseits, der Konte Großvater, hat mit neun Jahren
seine Mutter verloren. Da waren acht Geschwister
und er war zwölf Jahre alt und hat müssen die Kinder
ernähren. Sein Vater ist abgehauen. Damals hat es
keine Sozialhilfe gegeben, dann ist er mit zwölf Jahren in den Schacht gegangen und als er heimgekommen ist, hat er gekocht für die Kinder. Das konnte er
nicht lange machen und dann hat sich eine Tante erbarmt. Die hat die dann groß gezogen. Die war auch
noch jung, die sind ja schon mit dreizehn, vierzehn Jahren in Stellung gegangen als Dienstmädeln.

---

[20] Die älteste schriftliche Erwähnung von Jorenthal stammt aus dem
Jahr 1263. Im Jahre 1914 erhob Kaiser Franz Joseph I. Obergeorgenthal zur Stadt. 1930 lebten in der Stadt Obergeorgenthal
3481 Menschen. Nach dem Münchner Abkommen wurde Obergeorgenthal 1938 dem Deutschen Reich zugeschlagen. 1939 hatte die Stadt 3357 Einwohner (siehe auch http://de.wikipedia.org/
wiki/Horn% C3%AD_Ji%C5 %99 et%C3%ADn).

Mein Großvater von Vaterseite ist mit 74 gestorben, da war ich sieben Jahre alt. Er war 20 Jahre Schuldiener in der Volks- und Bürgerschule. Da hatten sie fünf Klassen Volksschule und fünf Klassen Bürgerschule. Zweie für Mädchen, zweie für Jungen und die letzte Klasse ist man zusammen gehaut worden, da waren dann Jungen und Mädeln zusammen. Da waren im ganzen nur 33 Schüler. Das haben nicht viele geschafft. Das war so eine Art Realschule.

Bürgerschule Obergeorgenthal, ca. 1928

Mein anderer Großvater, Joseph hieß er, war im Bergbau. Der ist 79 Jahre alt geworden und die Großmutter, die Teuchert Resl, auch. Im Laufe eines dreiviertel Jahres sind beide gestorben. Meine Mutter hat noch zwei Schwestern gehabt und einen Bruder. Der Bruder ist ledig geblieben. Er ist mit 73 Jahren in der DDR beerdigt worden. Die eine Schwester hieß Maria Jiegowitz. Die ist in der Tschechei geblieben und ist dort gestorben, an Wassersucht[21]. Die andere hat Holly geheißen, beide hießen Konte mit Mädchennamen. Meine Mutter hieß Josephine Preißler, geborene Konte, sie ist am 5. April 1888 geboren.

Die Schwester von meinem Großvater hat Gadscha geheißen, das ist ein österreichischer Name. Wir haben ja zu Österreich gehört bis 1918. Sie hat zwei Töchter gehabt, eine Anna und eine Maria. Die Anna hat in Brüx ein großes Gasthaus gehabt, das waren zehn Kilometer Entfernung. Da hatte sie einen Oberkellner, Kellner und zwei Dienstmädeln, das war ganz groß. Ihr Mann war Koch. Die sind aber Pleite gegangen nach 20 Jahren. Die hatten einen Sohn, der Bubi, Adolf, hat er geheißen, der ist gefallen im Krieg.

Mein Vater ist am 28. August 1886 geboren. Er war zwölf Jahre, da haben sie die Schule gebaut, wo er dann Schuldiener war. Das war ein prächtiger Bau, eine herrliche Parkanlage mit Silbertannen. Eine kleine Burg noch extra gemauert. Das war 1898. Da hieß es: Ihr Jungen habt acht Wochen Ferien, da könnt ihr mitarbeiten! Sie haben auch Geld gekriegt, 60 Heller. Damals hatte man acht Wochen Ferien. An Peter und Paul [29. Juni] war die Schule aus und am 1. September ist sie wieder angegangen. Da haben sie Handlanger gemacht für die Maurer, haben Ziegel geschleppt, mit Eimern Mörtel geschleppt. Das war

---

[21] Herzinsuffizienz, die mit gesteigerten Wassereinlagerungen einhergeht.

damals nicht so wie heute, wo alles mit Kränen geht. Das war Schwerarbeit. Da war er erschöpft als die Schule wieder angegangen ist.

Ein paar Jahre später hat er Maurer gelernt und ist dann im Schacht gewesen. Zwei Mal hat er eine Gasvergiftung gehabt. Denn, wenn's brennt, muss der Maurer kommen und eine Mauer ziehen. Damit das abgedichtet wird und der Brand nicht weitergeht. Der war schwer beschäftigt. Der Vater hat dann noch Kurse gemacht zum Sanitäter. Wenn er auch nur ein oder zwei Stunden auf der Arbeit war, das war egal, die Schicht mussten sie ihm bezahlen. So war das ausgemacht mit dem Roten Kreuz. Dann hat er meine Mutter kennengelernt beim Tanzen und sie haben geheiratet. Er war 25, die Mutter war 23.

Wir waren drei Geschwister. Erst kam der Joseph, der ist 1912 geboren, am 8. April, und dann ich, und dann mein kleiner Bruder, der Ernst, am 15. Mai 1918. Ab und zu hatten wir ein Kindermädel. Später hatten wir ein Dienstmädel, die uns betreut, in die Schule geschickt und bekocht und gewaschen hat. So dass, wenn die Mutter vom Wochenmarkt gekommen ist, schon alles fertig war. Meine Mutter ist immer zum Wochenmarkt gefahren und hat ein bisschen Gemüse verkauft. Viermal die Woche, da war sie den ganzen Tag weg. Sie war froh, wenn sie jemanden hatte und alles seinen Gang gegangen ist und Picobello war.

Mein Vater war sehr geistig. Er hat die Gabelsberger-Kurzschrift gelernt, mit Fernstudium, und hat gut abgeschlossen. Er war auch 35 Jahre Sanitätszugführer. Die letzten sechs Jahre war er bei einem Arzt und da hat er die Schrift auch noch mit verwendet. Dann hat der Arzt mal zu ihm gesagt: „Mein Gott, Herr Preißler, ich hab mit Ihnen ein Geschäft gemacht. Die Kurzschrift kann sonst niemand lesen!"

Nur der Arzt und er konnten das. Der war von Österreich. Der wollte uns alle nach Österreich mitnehmen, aber die Österreicher haben uns nicht genommen. Seine Frau haben sie zehn Mal vergewaltigt, die Russen, und mich zwei Mal. Dann hat er zu mir gesagt, ich soll nicht verzweifeln. Ein Russenkind brauch ich nicht aufziehen, da schaut er schon. Der musste nicht in den Krieg einrücken. Erst haben sie ihm das Auto weggenommen, da ist er mit seinem Pferdl gefahren, dann haben sie das Pferd und den Wagen weggenommen, dann ist er mit dem Fahrrad gekommen. Das Fahrrad hatte ein Plakat: „Arzt", das durften sie dann nicht nehmen.

Wir hatten auch eine Tafel draußen, wo wir gewohnt haben: „Erste Hilfe". Einmal kam ein Knecht, der hat den Daumen weg gehabt, der hat nur noch so gebaumelt. Der hat gesagt, hier ist doch Erste Hilfe. Hab ich gesagt: „Ja, aber der Vater ist im Schacht. Aber wenn es schlimm ist müssen wir ins Postamt gehen und anrufen, dann kann er gleich ausfahren und kommt mit dem Fahrrad heim." Da hat der Knecht gesagt: „Ich brauch ja nur verbunden zu werden und dann geh ich selber zum Arzt." Da hab ich gesagt: „Ich weiß nicht ob ich es kann, aber ich werd mein Möglichstes machen. Ich hab keine Praxis!"

Dann hab ich ihn versorgt. Wir hatten da ein Waschbecken, da stand ein Eimer drunter. Und so wie es halt immer ist, der Eimer war voll und niemand leert ihn aus. Bin ich halt runter gegangen und hab den ausgeleert, dass ich den Finger abwaschen konnte. Er hatte sich so mit der Sense geschnitten und da war Gras auf der Wunde. Das musste ich ihm doch abwaschen.

Großmutter, Obergeorgenthal 1934

Dann ist er zum Arzt gegangen und der hat ihn gefragt, wer hat sie verbunden? Und da hat er gesagt, ein junges Mädl, die war zufällig daheim, weil sie erst später zur Arbeit musste, die hat mich verbunden. Na, wo war das junge Mädchen? Da beim Preißler. Dann kam der Arzt und hat gesagt: „Sie sind ein Talent, sie müssen zum Roten Kreuz gehen!" Da hab ich gesagt, um Gottes willen, nie und nimmer! Es reicht schon, wenn einer in der Familie da ist.

Gewohnt haben wir in einer Schachtwohnung. Wir haben alle in einem Zimmer geschlafen. Fünf Personen, jeder hatte ein Bett. Das Dienstmädel musste in der Küche auf dem Faulenzer schlafen. Das war früher ein Pferdestall, der ist ausgebaut worden. Da hatten wir ein feines Kanapee, zwei Fenster, einen Tisch, vier Sessel und drei Schränke. Zwei große Teppiche waren drinne, die sind jede Woche geklopft worden. Mein Vater hat dann einen Kanal rein machen lassen in die Küche. Da war dann so ein Schacht, da hat man drauf den Deckel gegeben, wie eine Toilette halt.

Dann hatten wir so eine große Badewanne aus Holz. Da konnten wir in der Küche schön baden, einer nach dem anderen. Wenn wir Kinder fertig waren, mussten wir ins Bett, dann haben sich die Eltern gebadet. Dann ist das Dienstmädel raus gekommen aus unserem Schlafzimmer und hat sich auch können baden. Sie hat dann alles sauber gemacht und dann ist der Vater gekommen und hat die Wanne raus geschafft. Das war zu schwer für eine Frau.

Er hat sie dann ins Vorhaus gestellt, da hatten wir noch zwei Kammern gehabt, zwei Abstellkammern, denn Keller gab es keinen. Die eine Kammer haben wir genommen für Kartoffel und Gemüse, und ein bißl Obst. Die andere hatten wir fürs Schlachten. Jedes Jahr haben wir ein Schwein gekauft. Da hat man extra draußen noch einen Schuppen hingebaut und da hat man ein Schwein großgezogen und dann halt geschlachtet.

Alle, die im Schacht gearbeitet haben, hatten so eine Wohnung. Das Haus hat einem Bauern gehört. Rosenkranz hat er geheißen, deshalb hieß unser Haus „Rosenkranzhaus". Unter uns war gleich ein Gasthaus „Zur frohen Aussicht". Der Schacht hat das Haus gekauft und hat sechs Parteien rein gegeben. Da waren wir auch eine Partei. Juden wohnten da auch. Einer, der Flosser Jud, der war nett, sie war noch netter. Die hat den Leuten geholfen, Geld geborgt. Freilich um Zinsen, aber wo hast du denn Geld gekriegt? Da gab es nie Probleme. Als der Hitler kam, sind sie von selber fortgemacht, nach Palästina.

Wir waren aber die einzigen Deutschen, die anderen waren alle Tschechen. Erst ging es ganz gut, aber dann später waren die recht bös zu uns. Die sind immer bissiger geworden. Mein kleiner Bruder, der Ernst, war so wie ein Deutschnationaler. Der hatte das so im Blut. Der hat zu einem Tschechenjungen gesagt: „Unser Sudetenland ist deutsch, war deutsch und wird immer deutsch bleiben!" Und der hat gesagt: „Ne, ihr seid alle her zigeunert gekommen, vor dreihundert Jahren. Wir gehören hierher!" Ob das stimmt, weiß ich nicht[22]. Die Chronik hat man vernichtet. Warum und wie, weiß ich auch nicht. Aber das ist gar nicht erwiesen, ob das immer deutsch war, und wann wir rein gekommen sind. Das kann schon sein, dass unsere Vorfahren eingewandert sind. Dann war es halt dreihundert Jahre lang Deutsch. Und dann sind wir halt Tschechen geworden. Aber sie wollten uns raus haben und dann haben sie uns halt raus gehaut.

Trotzdem hat man nicht gerade schlecht gelebt. Ostern haben wir ins Sägmehl Gersten- oder Weizensamen rein gegeben. In vier Wochen war es so hoch [zeigt Höhe mit Hand]. Das hat man immer ausgerechnet, wann Ostern ist, und den Topf dann in die Wärme in der Küche oben raufgestellt. Das haben dann nachher die Hühner gefressen wie wild. Die meisten waren katholisch, auch die Tschechen. Die Leute waren sehr gläubig, aber nicht übertrieben. Es war human.

An Weihnachten gab es eine Linsensuppe oder eine Biersuppe, anschließend dann schöne Semmelknödeln, Meerrettichsoß und gekochten Stockfisch. Hinterher gab es gebackenen Stockfisch mit Bratkar-

---

[22] Deutsche Bewohner gab es in den böhmischen Ländern seit dem Mittelalter. Die Besiedelungsgeschichte sollte aber durchaus differenziert betrachtet werden. Es ist nicht davon auszugehen, dass sämtliche Teile des Sudetenlandes 800 Jahre lang durchgehend von Deutschen bewohnt waren. Die Besiedelungsgeschichte einzelner Orte lässt sich allerdings meistens nicht mehr im Einzelnen nachvollziehen (siehe auch Friedrich Prinz (Hrsg.): Deutsche Geschichte im Osten Europas: Böhmen und Mähren, 2002).

toffeln und Salat, wenn es welchen gab. Später um Zehne, Elfe gab es Heringssalat, da ist man aufgeblieben bis zwölf Uhr. Was da alles im Salat drin war! Sogar geriebene Nuss und ein Apfel, Hering, Wurst, Eier. Der hat erst am nächsten Tag fein geschmeckt. Wer noch Appetit hatte, konnte Apfelstrudel essen und einen heißen Tee mit Rum oder einen Punsch trinken. Es war halt *neunerlee zsamkomm*[23].

Die Geschenke waren nicht so wie heute, die waren ärmlich. Was man so gebraucht hat, ein paar Strümpfe, ein paar Socken, eventuell ein Hemd. Darum bin ich es heute noch nicht gewöhnt, groß Geschenke zu kaufen.

---

[23] Traditionelles erzgebirgisches Weihnachtsessen

Traditionell am Heiligabend wird im Erzgebirge das „Neunerlei" bei vielen Familien aufgetischt. Neun verschiedene Speisen müssen es sein – die Zahl Neun ist durch Drei teilbar und die Drei zählt als Glückszahl, womit die Neun deshalb dreifaches Glück bescheren soll. Die Zusammensetzung der Speisen variiert von Familie zu Familie und wird über Generationen hinweg weitergeführt. Jede Speise hat ihre ganz eigene Bedeutung, so heißt es beispielsweise:

- Holunder- oder Hagebuttensuppe sorgen für Gesundheit
- Klöße bringen das große Geld
- Linsen und Hirse lassen das kleine Geld nicht ausgehen
- Rote Beete bringt Schönheit
- Sellerie erhöht die Fruchtbarkeit
- Brot und Salz müssen auf den Tisch, damit im nächsten Jahr ausreichend davon vorhanden ist
- Sauerkraut bringt eine gute Ernte
- Gänsebraten und Bratwurst bringen Wohlstand und reichlich Nahrung
- Heringssalat bringt Geld ins Haus
- Kartoffelsalat bewahrt die Sparsamkeit
- Semmelmilch, um sich nicht zu erkälten

Manchmal wird auch ein zusätzliches Gedeck auf den Tisch gestellt für einen fremden Gast, der eventuell kommen könnte. Auch sollte das schmutzige Geschirr an diesem Abend nicht aufgewaschen werden. Hier und da gehört es auch zum Brauch ein paar Münzen unter die Teller zu legen, damit das Kleingeld nicht ausgeht (Quelle: http://grenzenloses-erzge bir-ge.de/erzgebirgisches neunerlei-neinerlaa).

Ich hab auch Reisen gemacht. Ich war in Klösterle, ich war in Karlsbad, ich war in Marienbad, auf der Eger bin ich gefahren mit dem Motorboot. 1933 war ich auch zwei Tage in Prag mit meinem ersten Mann, zum Katholikentag. Da waren die Straßen noch nicht geteert. Da war so hoch Staub [sie zeigt bis zum Knie], und wenn es geregnet hat, war es morastig. Es gab nur teilweise Kopfsteinpflaster. Wir waren in Außenbezirken in Schulen einquartiert. Da waren wir auf der Karlsbrücke, dem Hradschin, im Stadttheater. Dort haben sie das Dreimäderlhaus[24] gespielt und da sind sie mit Pferdekutschen auf die Bühne gekommen. So groß war sie! Hederl, Haiderl, Hannerl, vom Schubert. Das war sehr schön! Dann sind wir mit dem Zug wieder heimgefahren, mit der Dampflok. Da waren noch Holzbänke, nur die erste Klasse war gepolstert.

Dann wollte ich bauen. Ich hatte eine Schulkameradin. Die ist mit einem Cousin von mir gegangen, der war ihr aber nicht treu und da hat sie die Verlobung gelöst. Dann sind sie nach Graupen gemacht. Das war eine Stunde mit dem Zug westwärts der Elbe entlang gegen Osten, da hat die dann gewohnt. Ihr Vater war Finanzinspektor. Die hatten Grund gekauft in Obergeorgenthal für ihre Tochter. Dann war das Grundstück zu verkaufen und meine Mutter ist mit mir runter gefahren und hat gefragt, ob wir das auf Ab-

---

[24] Operette über den Komponisten Franz Schubert (Musik von Heinrich Berte, unter Verwendung der Musik von Franz Schubert).

zahlung haben könnten. Die haben dann gesagt: „Ohne weiteres, was wollen Sie denn monatlich zahlen?" „700 Kronen", hat die Mutter gesagt, das war ein Gehalt von einem Bahnangestellten. Dann haben wir Monat für Monat das Geld überwiesen bis es bezahlt war.

Dann kam meine Schwägerin dazu. Die hat 2000 Kronen gehabt, die hat sie mir dann geborgt, damit sie eine Wohnung kriegt in dem Haus und solange mietfrei da wohnen kann bis das Geld abgewohnt ist. Dann haben wir angefangen zu bauen. Da war ich noch mit meinem ersten Mann verheiratet, der hat auch Bittner geheißen. Sein Vater war Maurer, wie meiner auch. Die Kusine von meiner Mutter aus Brüx hatte zwei Töchter. Die eine war mit einem Polier verheiratet. Der war arbeitslos und hat gesagt: „Ich komm aus dem Böhmerwald zu euch und helf euch. Dafür schlaf und ess ich bei euch!" Wir hatten aufm Dachboden noch Platz, da konnte er schlafen. Dann haben wir angefangen mit dem Bau. Aber mit einem Mal hat er einen Schlaganfall gekriegt und musste ins Krankenhaus, sechs Wochen. Dann haben die anderen Arbeiter gesagt, sie können das Haus nicht fertig bauen, denn wir hatten kein Geld mehr. Das war schlimm!

Dann bin ich rein zu ihm ins Krankenhaus, um zu sehen, wie es ihm geht. Da hat er gesagt: „Na ja, ich krieg jeden Tag Eisbeutel und in sechs Wochen kann ich schon wieder arbeiten." Er kam dann auch wieder und wir haben fertig gebaut und sind im Herbst ein-

gezogen. Innen war alles picobello geputzt und ge-
weißelt, bloß außen nicht. Ende Oktober war es auch
höchste Zeit, denn dann kam gleich der Schnee. Im
Erzgebirge ist das nicht so einfach, mit Schnee und Eis
und Windböen. Das Erzgebirge war schon immer ein
armes Gebiet. Meine Mutter und der Vater hatten
Küche und Zimmer, ich und mein Bruder auch. In jeder Küche war ein gemauerter Kachelherd, da konnte
man auch drin backen. Es war gefliest und alles.

Von meinem ersten Mann hab ich mich dann getrennt. Wenn ich ehrlich sein soll: Der hat mir Filzläu-
se gebracht und ich wusste nicht was da ist! Zuhause
war alles so verschämt, da konnte man nicht so reden,
wie man heute drüber reden kann. Das war doch die
größte Schande. Da hat er mir eingestanden, dass er
in einem Puff war. Da wollte er halt mal sehen, wie
die das macht. Da hab ich gesagt, das kann ich nicht
brauchen. Wir waren viereinhalb Jahre verheiratet,
aber das ging sehr schnell, binnen zehn Minuten war
ich geschieden. Als er weg war, haben wir dann ein
Zimmer vermietet, weil wir das Geld brauchten. Und
so hab ich deinen Großvater 1938 kennengelernt.

Großvater 1938–1941 ● Umsturz

Bis zum Umsturz 1938 war ich in der Tschechoslowakei. Dann bin ich wieder raus in die Heimat gekommen. Denn als der Umsturz kam, gab es das Protektorat und das Sudetengau, das war getrennt[26]. Im Mai 1938 hab ich meinen Bruder in Prag besucht, im Krankenhaus auf der Bulovka. Ich war Henleinmäßig[27] angezogen, so wie wir eben rumgerannt sind: braune Jacke und Strümpfe, Kniehosen. Da hat er zu mir gesagt: „Franz, hau ab, die rotten sich zusammen! Die machen sich zurecht!"

Eine tschechische Krankenschwester hat zu ihm gesagt: „Dein Bruder soll abhauen!". Er war mit der Schwester halt gut. Ja, da wird auch immer was verraten. Mein Bruder ist bei den Kommunisten geblieben und bis zum Schluss in der Partei gewesen. Dann hab ich mich auf mein Motorrad gesetzt und bin fort.

Ich hätte bleiben können – als Tscheche. Ich hätte mich vertschechisieren lassen können, wie es hieß,

---

[26] Am 29./30. September 1938 tagte in München die Konferenz der Regierungschefs von Frankreich (Daladier), Großbritannien (Chamberlain), Italien (Mussolini) und Deutschland (Hitler). Am 30. September 1938 wurde das Münchner Abkommen abgeschlossen, in dem Italien, Großbritannien und Frankreich – in Abwesenheit der Tschechoslowakei – ihre Zustimmung zum Anschluss des gesamten Sudetenlandes an das Deutsche Reich gaben. Am 1. Oktober besetzten deutsche Truppen das Sudetenland, gefolgt von der Bildung des „Reichsgaus Sudetenland" und des „Protektorats Böhmen und Mähren".

[27] Führer der Sudetendeutschen Partei und Gauleiter bzw. Reichsstatthalter im Reichsgau Sudetenland.

dann hätte ich nicht mehr Bittner sondern Bitter geheißen. Ich hätte auch eine Tschechin heiraten können, die ein großes Gut hatte, aber das wollte ich
alles nicht. Ich wollte Deutscher bleiben!

Dann bin ich noch mal da nach Horni Chabry gefahren, wo ich gewohnt hab, und hab das Motorrad hergerichtet. Hinten drei Koffer, vorne zwei Koffer und
dazwischen bin ich gesessen und bin heimgefahren.
Auf dem Weg ist mir noch der Sprit ausgegangen,
aber da waren prima Leute, die haben mir noch Sprit
gegeben, nur damit ich fort komm.

Großvater, Prag, ca. 1938

In Kladno bin ich festgehalten worden. Die Stadt war
schon von den Reichdeutschen besetzt. Meine Stadt
Komotau war ja auch schon besetzt gewesen. In
Kladno wurden Freiwillige gesucht, die Schützengräben bauen sollten. Ich habe mich aber nicht gemel-

det. Da haben viele gesagt: „Mensch, meld dich lieber! Dich erschießen sie später, weil du Deutscher bist!" Sag ich, was können sie mich erschießen, ich hab ja nichts Dummes gemacht. Aber da haben sich aus Angst schon viele freiwillig gemeldet und haben Schützengräben gebaut da draußen, aber das ging so schnell, dass die gar nicht hinterher gekommen sind. Denn da sind ja die Tschechen mit ihren Panzern gleich schon gekommen, auf ihrem Rückweg aus dem Sudetengau[28].

Bis Lobositz bin ich gekommen, das war die Grenze gewesen. Von weiten hab ich schon die roten Fahnen gesehen, unsere sudetendeutschen! Ich hatte eine Freude gehabt, dass wir endlich Deutsch waren!

Wir waren die Sklaven bei den Tschechen, keine Rechte und die Dreckarbeit machen. Auch wenn du Tschechisch konntest, aber du konntest keinen Staatsdienst kriegen, weil du Deutscher warst. Du hast müssen perfekt Tschechisch können, lesen, schreiben alles perfekt! Und das war nicht einfach. Du hattest keine Wahl, hast dich vertschechisieren lassen müssen, du musstest Tscheche werden und das hab ich nicht mitgemacht. Deswegen haben wir uns gefreut, dass der Hitler gekommen ist.

Ich wollte zur Bahn und bin dort nicht angekommen, obwohl ich bei den Tschechen gedient hab und mein

---

[28] Rückzug der tschechischen Armee aus den besetzten Gebieten.

Soll erfüllt hab. Das hat alles nichts genutzt. Und beim Hitler ging das sofort. [31]

Dafür sind auch Deutsche rein gekommen in die Tschechei, die vom Hitler verfolgt waren. Kommunisten, die haben bei den Tschechen Schutz gesucht. Ich hab ja immer in die Nachrichten gehorcht, geluchst, noch und noch, was die Tschechen sagen. „Jetzt kommt das Gesindel noch rein und frisst uns arm!" Ja, solches Zeug kam da im Radio, aber das haben die nicht gewusst, die konnten ja kein Tschechisch verstehen!

Ich hab ja gut mit den Tschechen zusammengelebt, das war kein Problem. Aber dann ging es los mit den Hetzereien, die es dann von beiden Seiten gegeben hat. Der tschechische Pöbel war am schlimmsten, der hat alles kaputtgemacht. Aber die Tschechen bei uns waren ja gar nicht so. Ich hab noch gesagt: „Der Hitler macht euch nichts, der ist gerecht!" Naja... Dann haben sie gesagt: „Du bist selber der ganze Hitler!"

---

[31] Nach dem Friedensvertrag von St. Germain (10.09.1919) wurde die erste tschechische Republik am 28. Oktober 1918 als Nachfolgestaat von Österreich-Ungarn gegründet. Bevorzugte Amtssprache war tschechisch, dadurch bedingt wurden auch weniger Deutsche in den öffentlichen Dienst aufgenommen, deutsche Betriebe bekamen kaum noch staatliche Aufträge, die deutsche Selbstverwaltung in Gemeinden und Bezirken wurde beschnitten. Das führte dazu, dass Mitte der dreißiger Jahre die Arbeitslosigkeit im Sudetenland etwa fünfmal höher war als in den tschechischen Landesteilen. Nach dem 1938 geschlossenen Münchener Abkommen und der damit zusammenhängenden Eingliederung der tschechischen Gebiete unter Verwaltung des Reichsstatthalters Konrad Henlein änderte sich diese Situation (siehe u.a. http://www.sudeten. de/cms/?Historie: 1919 _-_1945).

Dann bin ich entlassen worden von der Unteroffiziersschule und bin raus. Ich hab ja sogar die Mobili-
sierung[32] bei den Tschechen noch mitgemacht. Da ist
mir ja nichts anderes übriggeblieben, ich musste mich
melden, weil ich gedient hab und schon Waffen-
übungen mitgemacht hab.

1938–39 hab ich dann daheim in Brüx für die NSV
(Nationalsozialistische Volkswohlfahrt) gearbeitet.
Zwei Monate bin ich für die gefahren. Das war so eine
Frauenorganisation, Frauenkorps, christliche Wohl-
fahrt, aber das war dann schon eine Parteiorganisati-
on. Da hab ich Befehle von denen gekriegt, dass die
Juden aus ihren Wohnungen raus müssten[33]. Die Juden mussten ihr Zeug auf den Wagen tun. Das waren
Ärzte und Rechtsanwälte und die hatten keine Kraft
und da wollte ich ihnen helfen. Da sind die Toten-
kopfstandarten, dem Hitler seine SS gekommen, und
haben gesagt, wenn ich noch mal helfe, erschießen
sie mich mit. Ich durfte denen nicht helfen. Sie mussten selber sehen, wie sie die Möbel rauf bringen. Da
war ich schnell wieder weg, das war nicht schön! Wir
haben auch manches nicht gewusst, was da passiert
ist. Später im Krieg haben wir ja einiges von denen erfahren, die im Lager zur Bewachung gewesen sind.

---

[32] Mobilmachung der tschechischen Streitkräfte während der Sudetenkrise.

[33] Nachdem Ende 1941 die wenigen noch in Brüx lebenden jüdi-
schen Bewohner ihre Häuser und Wohnungen hatten räumen
müssen und in städtische Baracken umgesiedelt worden waren,
setzte wenige Monate später die Deportation ein (siehe
http://www.jüdische-gemeinden.de/index.php/gemeinden/a-b/
487-bruex-boehmen).

Die sind dann auch an die Front gekommen, die blieben nicht immer da im Lager, und die haben es dann erzählt.

Ich hab noch ein Tragl Reiterschnapps bei der NSV kassiert und mit zur Schwester genommen. Da haben wir dann alle getrunken und waren gut aufgelegt. Dann bin ich wieder auf die Suche gegangen nach Arbeit. Ich hab in Komotau gefragt, ich hab in Gerkau gefragt, ich hab in Miesau-Oberleutensdorf gefragt. Aber es gab nix für mich. Die Frage war immer: Sind Sie bei der Partei? Nein? Können wir nicht gebrauchen. Ja, so war das in der Heimat. Ich wär ja eingetreten, aber die wollten mich nicht mehr, ich wär zu spät dran. [35]

1939, da war es bei uns noch relativ ruhig. Aber da war schon der Polenkrieg. Ich hab sie ja gesehen, die ganzen Gefangenen. Die gefangenen Polen sind an uns vorbeigezogen. Die sind zum Arbeiten verteilt worden. Einer war ausgerissen, der ist vom Zug runtergesprungen und auf den Puffern gesessen. Den haben sie gesucht, das ganze Dorf war alarmiert. Die ganzen Kartoffeläcker sind sie durchgegangen, ob er nicht irgendwo drinne liegt. Das war ein Theater! Dann ging es noch mit Frankreich an. Da hab ich mich

---

[35] Am 19. April 1933 führte die NSDAP eine Aufnahmesperre für Neumitglieder ein, um des Ansturms von Parteieintritten nach ihrer Machtergreifung am 30. Januar 1933 Herr zu werden. Diese Sperre wurde in den folgenden Jahren mehrfach gelockert, aber erst am 10. Mai 1939 vollständig wieder aufgehoben (siehe https://www.bundesarchiv.de/oeffentlichkeitsarbeit/bilder_ dokumente/00757/index-5.html.de).

freiwillig gemeldet. Aber da ist auch nichts draus geworden. „Du kommst noch zeitig genug fort", haben sie gesagt.

Bin ich halt wieder fortgemacht, nach Sachsen, nach Zittau. Da hab ich drei Monate Güterfernverkehr gemacht. Dann bin ich durch das Arbeitsamt nach Bautzen gekommen und dort habe ich meine Schritte weiweitergemacht. Weil ich einen Führerschein hatte, bin ich dann zur Reichsbahn nach Bautzen gekommen. Da wollte ich Lokführer werden. Aber ich hab mich mit einem unterhalten, der hat gesagt: „Menschenskinder, du willst Lokführer werden? Da werden so viele in Reserve gehalten, die sind alle für Russland vorgesehen." Na, dachte ich, wieder nix! Aber im Amtsblatt habe ich gelesen, dass sie eine neue Stelle aufmachen und Kraftfahrer suchen für die Strecke Glaugau – Zwickau. Da habe ich gedacht, das wär besser, kannst du dich wieder drücken.

Das hat zwar nicht geklappt mit der Stelle, aber ich hab dann weiter in Bautzen gearbeitet. *Do* sollt ich Kurierfahrzeuge fahren. Am Tag hab ich im Betriebswerk bei der Direktion Bautzen gearbeitet und in der Nacht musste ich Kurierpost fahren. Die haben ja nicht mehr telefoniert von Bahnhof zu Bahnhof. Da hast du müssen hinfahren und die Befehle überbringen. Da ist es schon langsam brenzlig geworden. Es war schon Krieg, aber bei uns war es noch ruhig.

Von Bautzen, von der Reichsbahn-Direktion Dresden aus, haben sie mich dann versetzt, in die Heimat. Da konnten die Tschechen nichts dagegen machen. Nach

Aussig-Bodenbach haben sie mich geschickt und da ging das dann wieder alles von vorne los. Da hieß es dann wieder, „Du bist ja gar nicht bei der Partei!" Sag ich, ja frag doch die, warum ich nicht dabei bin!

Ich hab ja 1938 überall versucht in Obergeorgenthal, wo ich geheiratet hab, in die Partei reinzukommen. Aber sie haben mich nicht mehr genommen, mit der Begründung: ich hätte früher kommen müssen! Ich war ja die ganzen Jahre bei den Tschechen, in der Zeit konnte ich nicht in die Partei gehen. Ich hab mich dort auch nicht so um die Heimat gekümmert. Naja, die Großmutter weiß es, was ich mir für Mühe gegeben hab. Die waren ja alle bei der Partei, sie auch. Aber ich nicht, nichts zu machen! Und wenn die Tschechen das rausgekriegt hätten, dass ich bei der Partei gewesen wäre, oje. Ich war sowieso nicht so sicher dort als Deutscher.

Aber ich hab trotzdem durchgesetzt, dass ich zur Bahn gekommen bin. Wenn ich mal sitz, komm ich schon weiter! Bin ich also wieder da weg und bin Bus gefahren. Weil die mehr verdient haben die Busfahrer als die LKW-Fahrer. Und da war es wieder dasselbe: „Mensch, du bist ja gar nicht bei der Partei!" Aber sie konnten nichts machen, ich war ja jetzt schon fest bei der Bahn. Meine Probezeit war schon abgelaufen und die Bahn hat solche Leute wie mich gebraucht. Ich konnte ja alles, fahren und mit dem Dampfer umgehen.

Also hab ich von Aussig aus dann Busfernverkehr nach Leipzig und nach Berlin gemacht. Da hatte ich noch einen Fahrer mit, mit dem ich auch in der Fahrschule war, der Budeus. Der war von Bad Schandau. Ich hab immer gesagt, ich lade ab und du gehst auf die Dienststelle und schaust, dass du eine neue Ladung kriegst. Ging es wieder nach Leipzig, hab ich gesagt, Ich will doch nicht nach Leipzig, ich will mal woanders hin auch. Aber der hatte dort einen Onkel und da hat er Kartoffeln zu essen gekriegt. Da war die Zeit schon schlecht.

Als Reichsbahnbeamter hatte ich dann schon sechs Jahre Dienst rum, aber ich hätte zwölf Jahre machen müssen, weil ich nicht in der Partei war. Die, die in der Partei waren, waren nach fünf Jahren Beamte und die, die nicht drin waren, mussten zwölf Jahre machen. Das war unser Henlein!

Ich wollte dann mit deiner Großmutter nach Zittau, Hochzeitsreise machen, zehn Tage. Dort haben sie mich dann rausgeholt. Schuld war die Schwiegermutter. Die hätte nicht sagen sollen, dass ich mit dem Zug weg bin. Dann hätten sie mich nicht so schnell erwischt. Wir mussten in Aussig umsteigen nach Reichenberg. Weil ich einen Freifahrschein von der Bahn hatte, wussten die ja wo ich war. Dann haben sie angerufen von der Dienststelle und ich wurde ausgerufen: „Der Reichsbahnkraftwagenführer Franz Bittner soll sich auf die Dienststelle begeben!" Da konntest du ja nicht mehr ausweichen. Da musste ich umkehren und bin mit der Großmutter auf die Dienststelle gegangen. Dort haben sie mir gesagt: „Bittner, wir haben eine traurige Nachricht, du hast Stellungsbefehl, du musst nach Russland!" Das war am 23. Juli 1941, da bin ich eingerückt nach Russland.[36]

---

[36] Der Deutsch-Sowjetische Krieg begann am 22. Juni 1941 mit dem Angriff des Deutschen Reiches auf die Sowjetunion und endete am 8./9. Mai 1945 mit der bedingungslosen Kapitulation der Wehrmacht. Nach anfänglichen deutschen Erfolgen leiteten sowjetische Siege in der Schlacht um Moskau Ende 1941 und vor allem in der Schlacht von Stalingrad 1942/43 Deutschlands vollständige Niederlage ein. Nachdem im Sommer 1943 die deutsche „Operation Zitadelle" gescheitert war, ging die Initiative endgültig auf die Rote Armee über (siehe https://www.dhm.de/lemo/kapitel/der-zweite-weltkrieg/kriegsverlauf/ueberfall-auf-die-sowjetunion-1941.html).

Großmutter 1938–1944 ● Brüder

Mein kleiner Bruder, der Ernst, war ein echter Nazi, der hat mich schon gleich 1933, als das losging, bei der Sudetendeutschen Partei eingeschrieben. Ich musste bloß unterschreiben, das war alles. Er dachte, er hilft uns, aber dann hat er das gemerkt draußen, wie das zuging. Da hat er nicht stramm genug gestanden, da haben sie zum ihm gesagt: „Du sudetendeutsches Schwein!"

Der Ernst sollte nämlich in Nordhausen ein Friseurgeschäft übernehmen, da hätte er es gut gehabt. Er war doch Damen- und Herrenfriseur, der Kleine. Der war dort in Stellung, direkt mit 18 Jahren ist er weg, über ein Stellenangebot. Bei uns gab es ja keine Arbeit. Und da hätte er nach der Lehre das Geschäft übernehmen sollen, die hatten keine Kinder. Das war alles schon ausgemacht, dass er das Geschäft übernimmt in Nordhausen im Harz – und dabei ist er gefallen. Ja, das war mein Lieblingsbruder, mein Ein und Alles!

Mein Häusl in der Heimat hat er mit aufgebaut, hat da alles als Handlanger gemacht. Am Samstag hat er nichts gemacht und ist zu seinen Kunden gegangen. Da hat er ihnen Haare geschnitten und sie rasiert. Sie haben ihm dafür Geld geschenkt. Er hat nichts verlangt, durfte er ja nicht, weil er schwarzgearbeitet hat. Dann ist er trotzdem von dem einem tschechischen Meister angezeigt worden. Da hat mein Bruder zu ihm gesagt: „Nehmen tun Sie mich nicht als Gehilfe! Und wenn ich am Samstag ein bisschen schwarzarbeite, dass ich auch einen Pfennig Geld habe, dann zeigen Sie mich an. Das ist nicht schön als Deutscher!"

Mein anderer Bruder war gelernter Zimmermann. Der hat auch ein bisschen am Haus geholfen. Aber der musste ja in die Arbeit gehen, da war ja seine Tochter schon geboren. Er war 24 und seine Frau war 19. Die hat keine Eltern gehabt. Ihre Mutter hatte schon zwei oder drei Kinder gehabt, als sie kam. Die hatten ein kleines Anwesen in Mödling bei Wien.

Da hatten sie einen Knecht gehabt. Der Knecht, entweder war er ein Pole oder ein Russe. Naja, wie es halt ist. Da hat er sie halt, nicht vergewaltigt, es war wohl in gutem Einvernehmen. Und dann war sie schon hübsch hoch, dann ist sie ins Sudetenland raus gemacht zu ihrer Schwester. Die hatte keine Kinder gehabt und die hat das Kind genommen. Er ist dann weggemacht, der Knecht, wieder heim. Geld hat sie ja keins von ihm gekriegt, sie wusste ja nicht, wo er ist.

Als das Kind dann sechs Jahre war, musste es einen Namen haben. Es musste alles eingetragen werden, wer die Eltern sind. Dann ist es raus gekommen. Da war ihr Vater schon daheim vom Krieg. Da hat er gewusst, dass er noch ein uneheliches Kind hat. Aber sie ist dort geblieben bei der Tante und dem Onkel. Der Onkel ist zeitig gestorben und in einem halben Jahr drauf ist die Tante gestorben. Die hatte so ein Pech! Da war sie 17 Jahre alt und hat meinen Bruder kennen gelernt und da haben sie geheiratet. Die haben sich nicht lange gekannt, zwei, drei Monate. Die wussten noch nicht viel, das war eine Blitzheirat. Dann kam erst die große Tochter, dann kam der Sohn, die anderen Kinder sind draußen geboren.

Mein großer Bruder, der war ja auch in Österreich in Kriegsgefangenschaft, in Villach. Da haben der Großvater und er sich getroffen, aber nicht vertragen. Die haben sich gleich gestritten. Jeder hatte ein anderes Liebchen gehabt. Mein Bruder hat sich zu einer Frau mit sechs Kindern hingemacht, der ihr Mann war auch noch im Krieg. Der konnte jeden Tag heimkommen und ihn aus dem Bett rausschmeißen. Das gab es eben. Die Frauen haben eben viel mitgemacht und haben auch viel mitgenommen. Nicht jede. Und die, die nicht jeden mitgenommen haben, denen ging es schlechter.

Der kleine Bruder, der hat auch noch daheim geheiratet, eine Tschechin. Als er dann gefallen war, da war es gerade St. Joseph [19. März]. Wir hatten ja drei Josephs, der Vater, der Sohn, der Großvater hat auch Joseph geheißen und die Mutter hat Josephine geheißen. Wir konnten ja nichts backen, keine Torte und nichts, es gab ja nichts. Da hat man in der Drogerie so Zwiebeln gekauft, die konnte man ins Fenster geben und dann hatte man Krokusse oder eine Hyazinthe.

An dem Tag ist die ganze Verwandtschaft gekommen und hat gesagt: „Ihr tut hier feiern und euer Ernst ist gestorben!" Die Frau vom Ernst war böse geworden, aber die Blumen konnten ja da nichts dafür. Sie hat es halt als Frau zuerst erfahren. Wir haben das noch nicht gewusst, und dann erst von ihr erfahren, dass er gefallen ist.

Da war ein tschechischer Junge, der hat Struschka geheißen, Wenaus Struschka, also Wenzel. Die Leute haben Wenaus zu ihm gesagt, als Kosename. Der kam mal zu mir und hat gesagt: „Frau Bittner, wo ist der Ernst?" Da hab ich gesagt, der Ernst ist tot, aber heute weine ich nicht mehr. Ich danke Gott, dass er tot ist! Ihr Tschechen hättet ihn zerstückelt! „Nein", hat er darauf geantwortet, „der Ernst wär unter meinem Schutz gewesen!" Sag ich, „Das sagen Sie jetzt!"

Der hatte was am Fuß, der Wenaus, das war sein Kosename. Da ist er dann mal in Wald hinaus und – das hab ich erfahren – über einen Stein gestolpert und konnte nicht mehr aufstehen. Da ist er zugrunde gegangen. Es war Winter und da ist er erfroren. Der war auch noch blutjung, noch nicht verheiratet. Das hat mir sehr leidgetan.

Das musste ich ihm aber sagen, denn wir hatten eine Gerichtsverhandlung, weil der Ernst von den Tschechen angezeigt wurde, dass er so ein Hitlerjunge ist. Da war der Hitler ja noch nicht drinne bei uns. Das war der Henlein, der hat die Partei geführt.

Der Ernst hat mich ja auch eingeschrieben, ich hab das ja gar nicht richtig verstanden. Nach dem Krieg musste ich mich oben in Hessen entnazifizieren lassen. Ich hab dann gesagt, dass ich nur Mitläufer war. Ich konnte auf keine Versammlung mehr gehen, wenn ich abends aus der Spinnerei rausgekommen bin, da war ich hundemüde.

Großvater 1941–1945 ● Krieg

Der Vater hat mir beim Abschied einen Himmelsbrief[38] mitgegeben. Den hat er auch von seinem Vater bekommen, als er in den Ersten Weltkrieg eingerückt ist. Er hat noch zu mir gesagt: „Pass auf die
Serben auf, die springen von den Bäumen mit dem
Messer zwischen den Zähnen und murksen dich ab.
Die sind gnadenlos!" Er hat im Ersten Weltkrieg auf
der Strecke bei Gleisarbeiten jeden Tag einen Mann
weniger gehabt. Den Himmelsbrief hab ich immer bei
mir getragen und schau, es ist mir nichts passiert!

---

[38] Die Geschichte der Himmelsbriefe reicht von der Antike über das
Mittelalter bis ins frühe 20. Jahrhundert. Im Ersten und Zweiten
Weltkrieg waren Himmelsbriefe unter den Soldaten weit verbrei-
tet. Heidnische, kabbalistische und christliche Elemente verbin-
den sich zu einer Art Schutzbrief. Diese waren teilweise ange-
lehnt an die sogenannten „Sonntagsbriefe", die die Frommen
zum Kirchengang bewegen sollten. Der Himmelsbrief meines
Großvaters gehört zum „Holsteiner Typus" (siehe auch Otto Her-
pel, Kriegszeit in einem hessischen Dorf in der Beschreibung des
Pfarrers von Lißberg, 1914-1916, Abschnitt 10: Krieg und Aber-
glaube um einen alten Himmelsbrief", in: Hessische Quellen zum
Ersten Weltkrieg, http://www. lagis-hessen.de/de/purl/ resol-
ve/subject/ qhg/id/89-10, aufgerufen am 24.06.2015).

24/12/1944 ● Himmelsbrief

Da war ein Graf, der hatte einen Diener, dem er wollte den Kopf abschlagen lassen. Für FSJ - Wie nun solches geschehen sollte, habe ihm das Schwert keinen Schaden zufügen können. Als der Graf dies gesehen, hat ihm der Diener einen Brief mit folgenden Buchstaben RIJF übergeben.

Als der Graf dies gesehen, sagte er folgendes, dass ein Jeder den Brief bei sich tragen muss. Wenn die Nase blutet oder wenn es sonst blutige Wunden gibt, der lege den Brief darauf, so wird das Blut gestillt werden. Jeder lege diese Buchstaben auf seinen Degen oder auf die Seite des Gewehres, so wird er nicht verwundet werden können. RHPHRHSP [mein Großvater sagte, das sind die Buchstaben, die er auf die Wunde legen muss] Wer diesen Brief bei sich trägt, dem kann kein Feuer oder Wasser schaden.

Wenn eine Frau gebären soll und den Brief in die Hand nimmt, so wird sie leicht gebären und das Kind wird glücklich sein. Dieser Brief ist schöner als ein Gebet, wer Glaube davon hat [Wer daran glaubt]. Im Namen Gottes, des Vaters und des Sohnes und des Heiligen Geistes. Amen. So, wie Christus am Ölberg stille stand, so soll das Geschütz stille stehen. Wer den Brief bei sich trägt, denselben wird Gott bekräftigen, damit er sich nicht zu fürchten braucht.

Für diesen werden Mörder stille stehen, das befehle ich Michael im Namen Gottes, des Sohnes, und des Heiligen Geistes. Gott sei mit Euch. Wer den Segen gegen die Feinde bei sich hat, der wird unbeschädigt bleiben. Wer diesem Brief nicht glauben will, der hänge ihn einem Hunde um den Hals und schieße auf ihn. Dann wirst du erfahren, ob es wahr sei.

Wer diesen Brief bei sich trägt, wird nicht durch Feindeshand verletzt werden, so wahr Christus am Kreuze gestor-

ben ist und wiederauferstanden ist, so wird alles Fleisch und Gehirn unbeschädigt bleiben. Ich beschwöre alle Gewehre und Waffen dieser Welt bei dem lebendigen Gott, im Namen Gottes des Vaters, des Sohnes und des Heiligen Geistes. Ich, im Namen Christi Blut, bitte, dass euch keine Kugel treffen tut. Sei es Silber oder Blei, Gott macht von allem frei.

Vom Himmel ist dieser Brief gesandt und in Holstein gefunden worden 1724 [ab hier unleserlich und Worte ergänzt ...Er war mit goldenen Buchstaben geschrieben und schwebte über die Taufe, wer ihn greifen wollte, vor dem wich er zurück] Bis 1794, als sich jemand ihn näherte und ihn abschreiben wollte, diesem neigte er sich zu und tat sich von selbst.

Wer am Sonntag arbeitet, ist von mir verlassen. Sechs Tage sollst du arbeiten, den siebten sollst du ruhen und in die Kirche gehen, sowie von eurem Reichtum den Armen geben. Ihr sollt nicht sein wie die unvernünftigen Tiere, sondern Gottes Wort hören und schwört nicht falsch bei meinem Namen! Begehrt nicht Gold und Silber, denn so geschwind wie ich den Menschen erschaffen habe, kann ich ihn gleich wieder vernichten.

Wer diesen Brief hat und nicht offenbart, der ist vom Feuer und der christlichen Kirche ausgeschlossen. Wenn du ihn jemanden abschreiben lässt, und wenn er so viel Sünden getan hat wie Sand am Meer und Sterne im Himmel, so sollen sie auch vergeben sein.

Bekehret euch, sonst werde ich am Jüngsten Tag Euch zur Rechenschaft ziehen für Eure Sünden. Wer diesen Brief im Hause hat, dem wird kein Donnerwetter schaden. Glaubt meinen Geboten, die ich mit meinem Engel Michael gesandt habe, im Namen Jesu Christi JSHLH.

Ein Graf hatte einen Diener dem er wollte den Kopf abschlagen lassen für J. S. S. wie mir sollte geschehen solle, sah ihm das Schwert seiner Stärke zu zeigen kinen, als der Graf dies gesehen hat er einen Brief mit folgenden Buchstaben und gaben R. B. f. t. als der Graf dies gesehen hat sagte er folgendst das jeder den Brief bei sich tragen muss, wenn die Kopf Schlacht, oder wenn es sonst blutiger ..., der lege den Brief ... so wird das ... gestell ...; jeder lege diese Buchstaben ... seinem Degen oder auf die Seite des Herz ... so wird es sich nicht versäumen keinen R. H. P. H. R. H. S. S. wer diesen Brief bei sich trägt dem kann keine Feuer oder Wasser Schaden. Wenn eine Frau gebären soll und den Brief in die Hand nimmt so wird sie leicht gebären und das Kind wird glücklich sein dieser Brief ist schwerer als ein Gold der glaube dessen hat. Im Namen Gottes des Vaters und des Sohnes und des heiligen Geistes ... so soll das ... stille stehen. Wer den Brief bei sich trägt denselben wird Gott begnädigen damit es f? nicht ... braucht für diesen ... stille stehe wie der Befehl Michael im Namen Gottes des Vaters und des heiligen Geistes Gott sei mit mir wie der Tag gegen die Feind die sich hat der wird ... bleibe wer diesen Brief nicht glauben will der hänge ihn einem Hunde um den Hals und schieße auf ihn. Wenn nicht die ... ... sei, wer diesen Brief bei sich trägt ... nicht durch Feindes Hand verletzt werden so auch leichst am Schwanger gestorben ist und wieder Auferstanden ist so mit alles gleich und Gesund unbeschädigt bleiben ich beschwöre alle ... und Waffen liess Schade bei den lebendigen Gott: Gottes Vater und des Sohnes und des Heiligen Geistes. Ich im Namen Christi Glück hat auch kein Kugel dieser Hieb, sie ... Silber oder Blei, Gott mache ... allen sich ... der Himmel ist dieser Brief gesandt von ... ... geschrieben ... 1724 und wer ... ... sein ... ... Wille von dem Himmels...

sich bis auf 1794 ... näheres und ihn
abschreiben solle, mit dem ... zu diesem ... er sich
zur Seite, und trete sich ... auch, ferner ... der sich
... am Sontag ... der ... von mir ... 6 Tage
folgt die Arbeiten Am 7 folgt die ... und in die Kirche gehen
... die ... Reichthum dem Herrn geben, ich soll mich
... um die ... ... sondern Gottes Wort hören.
... nicht helff bei meinen Nähren, begehr nicht Geld in Silber
... so ... wie die Menschen ... habe dann
ich ihm gleich wieder ... von diesem ... hat
und nicht offenbart, der ist von ihm und der Christlichen
Kirche ausgeschlossen, dann jemanden abschreiben besser
und wenn die so viel Bündel gehen seht, wie der Sand
im Meere und die Sterne am Himmel so sollen sie euch
vergeben sein, ... auch sonst werde ich am
Jüngsten Tage euch zu verantwort ziehen über euer
Sünden. Wer dem Brief im Hause hat der wird keine
Donnerwetter ... geleidt. meine Gebote die euch
mit meiner eigene Hand ... gemacht habe
Im ... Jesu Christi. J. J. H. L. H.

Die auf der Dienststelle haben gesagt: „Bittner, du musst nach Suwalki einen austauschen, der immerzu Bauchleiern hat!" Na, musste halt ich nach Polen, nach Suwalki. Aber zuerst haben sie mich nach Dresden geschickt und ich bin neu eingekleidet worden. Pistole, alles neu, frische Montur und Heidewitzki! Dann musste ich mich dort melden. Da sagt der Leutnant als erstes: „So nicht. Sie kriegen jetzt eine deutsche Wehrmachtsuniform, aber der Flügel[39] geht nach links!" Wir hatten eine Reichsbahnuniform, die war blau. Aber die Wehrmachtsuniform war grau. Aber wie die Soldaten halt, mit schwarzen Aufschlägen.

Vier Jahre bin ich in Russland gewesen. Ich war bei jeder Armee, denn wir haben Nachschub[40] für alle gefahren. Für die, für die, für die. Beim Guderian und wie die alle geheißen haben, die ganzen Generäle. Aber zuletzt war ich in der 6. Armee. Wir haben direkt dem OKH [Oberkommando des Heeres] unterstanden und wir durften niemandem sagen, was wir fahren und wie wir fahren. Nix, das ist wie eine Geheimtruppe gewesen. Als ich eingekleidet war, vor meinem ersten Einsatz, haben die uns ja gesagt, wir müssen alles geheim behandeln, wir haben ja auch pro Tag drei Reichsmark Zuschlag bekommen. Dann bin ich eingerückt. Da sind dann manche gleich schon

---

[39] Flügel des Reichsadlers (Bahnuniformen hatten keinen).

[40] Der Nachschub war verantwortlich für die Versorgung der Kampftruppen und unterlag damit auch der Geheimhaltung. Die Nachschubtruppe war bewaffnet, aber nur rudimentär im Infanteriekampf ausgebildet

befördert worden und haben das zugestellt bekommen von der Reichsbahn: Beamter!

Gefahren bin ich da mit einem VOMAG, einem Dreiachser. Die wurden in Plauen gebaut, in Sachsen. Mit Differentialsperre. Ich bin überall durch gekommen. Ich hatte auch in Russland gute Chancen, weil ich mich mit dem Wagen immer ausgekannt habe. Das war ein Spitzenfahrzeug. Drum war ja dann immer der Leutnant drinne gesessen. Ich weiß auch warum. Es war ja kalt und ich hatte es warm. Heizung hatten die Wägen ja nicht. Zu waren sie schon, aber alles aus Eisen. Aber ich hab Stroh reingeschmissen und dann hatte ich eine schöne Lötlampe. Also hab ich drinnen ein Rohr durch gezogen und die Lötlampe reingesteckt und brennen lassen und bin so gefahren. Ein Dieselfahrzeug brennt ja nicht so schnell.

Und weil ich dann immer geschaut habe, dass ich genug Stroh hab, hab ich in Roslawel[41] auch drei russische Kommissare entdeckt. Da bin ich in eine deutsche Kommandantur rein gegangen und hab gefragt: „Wo kann ich hier Stroh kriegen?" Die da drin haben nur geantwortet: „Sind Sie bescheuert?", auf Deutsch. Das hab ich dem Hauptmann erzählt. Sagt er, wenn das eine Kommandantur ist, dürfen die das nicht machen. Das werden wir gleich mal sehen. Dann wurde die Kommandantur umstellt und dann haben sie die

---

[41] Im Zweiten Weltkrieg wurde Roslawl, eine Stadt im Westen Russlands nach dem Angriff Deutschlands auf die Sowjetunion 1941 im Zuge der Kesselschlacht bei Smolensk von deutschen Truppen besetzt.

einkassiert. Das war eine deutsche Kommandantur, aber dort waren Russen, die spioniert haben, und durch mich ist das aufgefallen. Weil die gesagt haben, ich wär bescheuert!

Zu essen hab ich gehabt, weil ich getauscht hab. Diesel und Benzin gegen Eier und Schinken. Ich habe mich immer als Österreicher ausgegeben, und das ist ja auch nicht falsch! Schließlich bin ich ja noch vor 1918 geboren und da gehörten wir ja noch zu Österreich. Da hatte man mehr Chancen bei den Russen als die Deutschen. Die Russen brauchten das Benzin für ihre Lampen und Kochgelegenheiten. Die haben Salz in das Benzin gegeben, damit es nicht explodiert. Die anderen Fahrer hatten immerzu kaputte Wägen, denn die Straßen waren sehr schlecht. Ich hab eine Grube ausgehoben und die Federn mit Platten verstärkt, dann hatte ich keine Probleme. Die anderen waren dazu nur zu faul.

Dann haben wir mal in einem Dorf gelagert. Da war so eine Art russischer Kindergarten. Einmal hatte eins der Kinder eine Verletzung am Fuß von den Splittern der Schrapnelle. Die haben nicht weit weg davon geschossen. Wir waren da ja an der Ostfront. Eine Russin hat auf sie aufgepasst. Ich hab mich mal mit ihr unterhalten. Die war sehr nett. Am Abend musste ich Wache schieben. Da hab ich dann gehört, wie sie geschrien hat. Da war ein Feldwebel, so ein Schwein! Der wollte sie vergewaltigen. Ich konnte nichts machen als in die Luft zu schießen. Das war nämlich das Zeichen, dass was nicht stimmt. Also hab ich Alarm geschlagen. Da war gleich das ganze Lager auf den Beinen. So hab ich sie gerettet. Von dem Feldwebel haben wir nie wieder was gehört.

Einmal bin ich in den vier Jahren noch auf Urlaub gegangen, nach Teplitz. Da bin ich so mit deiner Großmutter eingehenkelt auf der Straße lang gegangen und da kamen die *Kettenhunde*[42]. Das war die Polizei zur Wehrmacht. Die hatten die Macht, einen jeden zu kontrollieren. Die wollten mich anscheißen: "Können Sie nicht grüßen?" Sag ich: "Na, horchen Sie mal, ich kann ja nicht. Wenn ich den Arm da drin hab, bei meiner Frau, da kann ich ja nicht so schnell da raus!". Sagt er: „Was sind Sie für eine Einheit?" Sag ich: „Hier, schauen Sie sich mal die Nummer an", und zeig auf meine leeren Hände. "Von mir kriegen Sie das nicht raus, schreiben Sie das auf!" Sagt er: „Geben Sie mir das Soldbuch!" Sag ich: „Hab ich nicht, ich bin ja kein Soldat!" „Dann geben Sie mir den Ausweis!" Sag ich: „Den hab ich nicht da, den habe ich zuhause!" Der hätte mich ja packen können, aber er konnte es nicht, weil er nicht wusste, was für eine Einheit wir waren. Solche Sachen hast du schon mitgemacht!

Maniches Stückl haben wir gemacht. Einmal, beim Proviant fassen, laden wir auf und zum Schluss stand da noch ein Tragl Bier. Hab ich gefragt, ist das auch für uns? Nein, haben die anderen gesagt, das ist für

---

[42] Feldgendarmen der Wehrmacht, im Volksmund wurden sie in Anspielung auf die zur Uniform gehörende metallene Plakette mit der Aufschrift Feldgendarmerie oder Feldjägerkommando, die an einer Kette um den Hals getragen wurde, als Kettenhunde bezeichnet.

die Luftwaffe. Hab ich gedacht, egal, und habs trotzdem mitgenommen. Auf dem Rückweg sagt mein Beifahrer: „Franz, bist du denn verrückt? Du hast doch das Tragl mitgenommen!" Sag ich, die kriegen uns doch sowieso nicht mehr.

Abends, wir hatten unser Lager in einem Wald, haben wir dann natürlich gefeiert. Als ich ins Bett gehen wollte, bin ich mit meinem Kopf an so einer Schnur hängen geblieben – die haben ja Schnüre zwischen den Bäumen gezogen, um ihre Fußsocken aufzuhängen – und hab laut geflucht. Da haben die anderen gelacht und gesagt: „Bücken musst du dich, bücken!". Bisschen später ist auch der Hauptmann gegangen. Ein großer Kerl. Ja, der ist gleich mit der Gurgel hängen geblieben. Da hat der Leutnant gesagt: „Bücken müssen Sie sich, bücken!" Da haben natürlich alle geschrien vor Lachen. Da waren wir schon kurz vor Stalingrad.

Vor Stalingrad[43] sind dann der Heine Franz, mein Beifahrer, und ich in einen Bombenangriff gekommen. Wir hatten Stuka zu Fuß geladen, das waren so lange Granaten. Die ham die gemacht für die Russen, die sich in die Erde eingegraben haben. Da hat bloß der Kopf rausgeschaut, die waren in der Erde kerzengerade drinne, da in der Kalmückensteppe. Da haben

[43] Am 23. August 1942 begann die Wehrmacht den Angriff auf Stalingrad. Geschätzte 170.000 deutsche und über einer Million sowjetische Soldaten sowie eine unbekannte Anzahl Zivilisten starben in der Schlacht von Stalingrad.

sie müssen die Stuka zu Fuß[44] einsetzen, die unten auf der Erde lang laufen und die Lunge zerreißt. Na, wenn die uns getroffen hätten, wär überhaupt nichts übrig geblieben.

Die Russen sind mit ihren Flugzeugen drüber weggeflogen und haben die Handgranaten rausgeschaufelt wie Kohle. Die Kohlenschaufler ham wir gesagt. Da hab ich zum Heine Franz gesagt, wenn wir die Nacht überstehen, dann passiert uns nix mehr! Von allen Seiten hat es geknallt und wir waren in der Koje drinne gelegen. Was wollten wir denn machen? Wo sollten wir denn hin? Draußen kriegste Splitter ab. Da ist ja haufenweise explodiert, Muni-Lager und so. Da explodiert ja viel, die haben ja Bomben geschmissen. Wir waren ein bisschen sicher da oben, wo wir waren. Das war neben dem Flugplatz. Da war schon die Abwehr dorten. Aber wenn die uns getroffen hätten, wär von uns nix mehr übrig.

In so einer Situation wird dir alles egal. Du denkst schon. Du denkst an daheim und an alles. Aber du denkst, jetzt ist schon alles egal, wurscht. Man muss sowieso sterben und andere müssen auch sterben und Hunderttausende sind schon gestorben. Wir haben auch den Friedhof dort gesehen vor Stalingrad. Ach, du meine Güte, ganze Kompanien lagen dort auf dem Berg im Schnee: Italiener, Rumänen, auch Spanier. Hitler hat ja die großen Flugzeuge mit Militär nach

---

[44] Es handelte sich um einen Nebelwerfer, der wegen seines Abschussgeräusches auch *Stuka zu Fuß* oder *Heulende Kuh* genannt wurde.

Spanien geschickt und die haben sich dafür revanchiert[45].

Ja, auf dem Berg vor Stalingrad waren wir da. Stalingrad liegt im Tal und wir waren noch draußen. Wir haben die Russenweiber und Kinder aufgeladen, die, die sie noch rausgelassen haben, und sind zurückgefahren. Die haben da noch alle rausgelassen, die wollten. Die haben wir dann in die Dörfer gebracht, aufs Land. Und sind trotzdem von den Russen vom Flugzeug aus beschossen worden mit Maschinengewehren, auf ihre eigenen Leute haben sie geschossen. Das waren Ratas[46], wie sie hießen. Aber da waren schnell zweie, dreie runter. In der Nähe war der italienische Flugzeugträger. Da sind welche aufgestiegen und gleich hinterher. Da hat man dann gesehen, wie sie runtergeflogen sind, die haben sie ja gleich runter geschossen.

Unter uns haben wir uns oft gesagt, das ist Blödsinn! Das ist alles Blödsinn, was wollen wir in dem Russland. Wir sind viel zu wenig Menschen, wenn wir Russland besetzen sollen. Wir dachten, wir kommen im Leben nie mehr heim. Nur durch Besatzung, wenn wir besetzen. Und die bringen uns alle um. Der Russe hat ja gesagt, die haben mehr Menschen als Patronen. Solche Flugblätter haben die geschmissen. Das war schon ein Saustall, ein verfluchter. Aber da kannst du nicht ab-

---

[45] Während des Spanischen Bürgerkriegs hat Hitler nach einem Hilfegesuch Francos die Putschisten mit Geld und Waffen unterstützt.

[46] Spitzname für den russischen Flugzeugtyp Polikarpow I-16.

hauen. Da sind schon ein paar abgehauen und desertiert, aber die haben sie alle erwischt. Du kannst nicht abhauen, du bist registriert! Wenn sie dich anhalten, musst du dich ausweisen können. Wenn du dich nicht ausweisen kannst, bist du ein Deserteur und dann biste fort. Dann kommst du zur Strafkompanie und die Strafkompanie schmeißen sie ganz vorne rein als Kanonenfutter. Das hat keinen Wert!

Da in den Kessel sind Tag und Nacht die Stukas rein geflogen, huuu, und immer wieder hat's gekracht. Wir haben das gehört und gesehen. Wir waren halt draußen, aber wir sollten auch noch reinkommen. Da hat es geheißen: Jetzt kommen acht Divisionen Panzer und Nachschub und noch ein paar Divisionen Panzergeschütze, und da wollten sie den Ring aufmachen. Aber die Russen hatten das auch schon umstellt und haben den Ring zugemacht nach allen Seiten. Und hätte der Russe aufgemacht, dann wären wir auch noch rein gekommen. Hunderte von Fahrzeugen und Hunderte von Menschen. Aber das sollte nicht sein. Das war unser Glück. Die haben nicht aufgemacht und wir mussten den Rückzug machen. Und dann zurück, zurück! Immer zurück bis Smolensk. Dort haben wir uns gesammelt und von dort aus sind wir raus gefahren.

Auf dem Rückzug von Stalingrad nach Smolensk haben sie uns gesagt: „Jetzt muss jeder selber schauen, dass er soweit wie möglich kommt! Wenn ihr auf dem Wagen sitzt, müsst ihr die Karabiner nach oben stellen, damit die Partisanen wissen, ihr schießt nicht.

Aber behaltet eure Waffe bis zuletzt, die schießen alles ab!" Die Kosaken haben uns Geleitschutz gegeben durch die Dörfer. Da hat sich dann nichts gerührt, weil die Leute wussten, die machen alles kurz und klein, wenn was passiert. Das war prima!

Da hab ich noch den Schwager, den Ernst, den kleinen Bruder von der Großmutter, getroffen. Der ging zu Fuß. Er war bei der Gebirgsinfanterie. Ich hab nur kurz angehalten und mit ihm geredet, denn ich konnte ja die Kolonne nicht aufhalten. Wir haben den Zug immer gesichert, dadurch, dass der Nachschub zur Spitze des Zuges vorrückte und den Weg sicherte. Dann zog der Schwanz nach und immer so weiter. Das war das letzte Mal, dass ich ihn gesehen hab...

Von Smolensk aus sind wir nach Frankreich zur Auffrischung gekommen. Drei Wochen Urlaub hatten wir da. In der Zeit kam Post. Keine Gute! Es wurde mir die Todesanzeige geschickt von meinem Bruder Rudolf.

Dann hatten wir Stellungsbefehl für Albanien[47]. Das war so, dass verraten wurde, dass zwei Armeen Italiener versteckt sind. Da waren die Königlichen und die Faschisten, der Mussolini und sein Schwiegersohn. Wir haben die Italiener aus Albanien müssen raus-

---

[47] Die italienische Okkupation Albaniens während des Zweiten Weltkriegs brach im September 1943 zusammen. Daraufhin besetzten Einheiten der Deutschen Wehrmacht das Land, um eine alliierte Landung zu verhindern. Im Oktober-November 1944 zogen sich die deutschen Truppen aus Albanien zurück und traten den Rückzug durch die Berglandschaft Bosniens nach Österreich und Deutschland an.

schmeißen. Dort waren die versteckt. Albanien war so eine Art italienisches Protektorat für die. Da sind dann die Flugzeuge durchgeflogen. Die haben Flugblätter geschmissen und da hat drauf gestanden: „Albanesen, ergebt euch! Wir befreien euch von den Italienern!" Da haben die Hurra geschrien und waren froh – und daweil sind wir ein Jahr dageblieben und haben Albanien besetzt.

Man musste da sehr vorsichtig sein[48]. Ich bin nachts im Führerhaus von meinem VOMAG gelegen, mit der Pistole in der Hand. Man konnte ja vor Aufregung eh kaum schlafen. Und da schaut schon ein Serbe zum Fenster rein. Da bin ich sofort hoch und hab geschossen. Das war in der Nähe eines Hauses. Da gingen dann die Lichter an und der Mann kam raus. Der hat das mitbekommen und sagt zu mir: „Kommen Sie doch ins Haus und legen Sie sich in der Küche auf die Couch. Wenn jemand kommt, schlägt der Hund an!" Die Familie hieß Scheppeck und ich hatte ja zuhause auch Verwandte, die Scheppeck hießen, meine Tante und ihr Mann. Mit denen hab ich mich dann angefreundet.

Die haben dann auch noch mitbekommen, wie ich kurz vor Kriegsende noch einen Orden bekommen sollte. Denn die Partisanen haben alles geklaut, was sie wegtragen konnten. Vor allen Dingen auch Reifen.

---

[48] Bis 1944 führten Albaner einen Partisanenkrieg gegen die italienischen und später deutschen Besatzer.

Der Hauptmann hat gesagt, Bittner, wir stellen die Reifen da bei den Leuten in den Keller. Hab ich gesagt: „In Ordnung, meine aber nicht!" Sagt er, wieso das denn? Sag ich, dann sind die weg. Ich hab mir dann ein Kabel von den Reifen zur Batterie und dann zur Hupe gelegt. Da wollten die nachts wieder die Reifen klauen und die Hupe ging los. Sofort waren unsere Leute da und haben sie eingesackt. Da sollte ich ja noch einen Orden bekommen. Hab ich aber gesagt: „Scheiß drauf!"

Aber dann ging's uns dreckig! Partisanen, Partisanen, überall waren die und die waren bewaffnet! Die Italiener haben denen so viele Waffen verkauft. In den Bergen haben wir gegen die Partisanen gekämpft, da ging's uns saumäßig!

Da sollte mal ein Spähtrupp zusammengestellt werden von einem Leutnant, der gar nicht zu unserer Einheit gehört hat. Der hat zwölf Leute ausgesucht, die Handgranaten scharfmachen sollten, darunter mich. Ich hab dann gesagt: „Herr Leutnant, ich kann die gar nicht entschärfen. Ich bin Eisenbahner, außerdem hab ich einen höheren Befehl." Er hat sofort zu seiner Pistole gegriffen und geschrien: „Sie wollen den Befehl verweigern?" Ich hab ihm dann erklärt, dass ich Nachschub fahre. Dann ging es hin und her und ich dachte schon, jetzt hat mein letztes Stündlein geschlagen, als ein Kurier kommt und ruft: „Bittner, nach vorn zur Front. Wir brauchen Handgranaten!" Das war meine Rettung. Ich bin dann an die Front gefahren und hab dort abgeladen.

Dann hab ich den Hauptmann gesucht, der lag verletzt auf einer Bahre, und hab ihm das erzählt. Da hat er gesagt, holen Sie den Mann sofort her. Ich bin wieder zurück gefahren und hab den Leutnant geholt. Als er zum Hauptmann kam, hat der ihm gesagt: "Das war falsch, am besten Sie erschießen sich gleich selbst, sonst muss ich Sie standesrechtlich erschießen!"

Großvater und Kameraden, Albanien 1943

Ein paar Tage später haben meine Kameraden zu mir gesagt: „Du hast doch da Kontakt zu dieser Familie. Können wir da nicht hingehen und ein bisschen feiern?" Na, dann hab ich das in die Wege geleitet. Die anderen haben dem Scheppeck Jungen Geld gegeben, damit er mit einem Krug in die Wirtschaft geht und Wein holt. Ich bin dann mit ihm raus gegangen. Ich musste ja eh alles dolmetschen. Und hab zu ihm gesagt, du gehst nicht in die Kneipe, du gehst in den Keller und holst dort den Wein. Die haben dann die ganze Nacht gesoffen und ich hatte 300 Dinar mehr.

Von da haben wir den Rückzug gemacht von Albanien rauf über Kroatien. Immer an der Adria entlang sind wir rauf, weil wir da sicherer waren als im serbischen Gebiet. Und trotzdem hatten wir mit Serben zu tun gehabt, elende Hund waren das. Du hast überhaupt nicht mehr gewusst, wo du eine draufkriegst. Das war gefährlich! Dann hat es geheißen, jeder kämpft sich durch, so gut es geht. Dann haben wir uns bis nach Agram[49] durchgeschlagen. In Agram waren wir dann bei den Kroaten, da waren wir sicherer.

Von da aus sind wir dann nach Österreich gekommen. Zum Schluss hab ich einen Mannschaftswagen von der Artillerie gefahren, das sind die, die Geschütze bedienen. Ich bin auf die letzten vierzehn Tage auch noch zur Artillerie gekommen. Aber mich hat der Schirmmeister immer rausgeholt, überall. Hab nicht brauchen mitexerzieren. Beim Rückzug kam ein Oberleutnant mit seinem Motorrad mit Beiwagen vorbei gefahren. Da hatte er schon einen Haufen „Instrumente" drin gehabt und wollte abhauen, über die Grenze, geschwind rüber. Aber den haben sie nicht gelassen, obwohl er Österreicher war. Der hat ja uns

---

[49] Agram, deutsche Bezeichnung von Zagreb (Hauptstadt Kroatiens).

noch den Sprit rausgenommen, so dass alle laufen mussten. Der kam und sagte, was haben Sie an Sprit? Sag ich, weiß ich nicht. Da sagt er, da schauen wir mal nei. Hat selber den Tank aufgemacht, nei geguckt, und hat alles rausgenommen mit dem Schlauch. Die Kosaken haben Ihn dann zusammengeschlagen, den Oberleutnant. Die haben ihn zur Sau gemacht. Da muss das Blut nur so gespritzt sein. Ein feiger Hund als Offizier haben sie gesagt.

Die Kosaken waren eine russische Kompanie, die uns mitgeholfen hat, die auf unserer Seite waren. Die sind schon von Russland mit rausgekommen und hatten auch die gleiche Uniform an wie wir. In Jugoslawien, wo wir durchgefahren sind, da ist uns nichts passiert, denn wo die den Abschnitt hatten, da haben die alles kurz und klein geschlagen, wenn jemand die Deutschen angegriffen hat. Ja, die waren gut!

Wir sollten bei Marburg raus und da waren aber schon die Russen. Da haben die Partisanen uns zurückgehalten und gefragt, was wir noch dort wollen und Krieg führen wollten wir ja nicht mehr! Obwohl wir gut beieinander waren mit unseren langen Haubitzen mit vierzehn Geschossen. Da hat ein Kamerad gesagt: „Nee, da kehren wir um!". Dann hat uns der Partisane geraten, wenn wir umkehren, dann soll die Mannschaft, das war wie ein Trauermarsch, mit Gewehrkolben nach oben gehen, dann wird nix passieren. Da schießt niemand, er wird das alles durchgeben. Aber wenn geschossen würde, dann legen sie die Dörfer in Schutt und Asche. Das wollten sie ja auch nicht. Na, dann sind wir auf der Straße geblieben und die Kosaken[50] sind neben der Straße geritten, weil die Straße für die Pferde zu hart war. So sind wir rausgekommen.

Auf dem Weg nach Völkermarkt, ach mein Gott, da war ich noch auf einer Feldküche gesessen! Da war für vier Wochen eiserne Rationen drinne für eine Kompanie. Da hab ich gedacht, halt, mit der fährste heim in Gefangenschaft, aber das war nicht möglich, da war kein Durchkommen. Überall lagen kaputte Wägen. Ich konnte ja mit den Gäulen nicht so umgehen, die haben die Deichsel rum geschmissen, da haben sie mir leidgetan und dann bin ich zu Fuß weiter.

Da kommt auf einmal einer von der Luftwaffe mit einer anderen Feldküche hinter mir her. Und da hab ich zu ihm gesagt, Mensch, wie kommst du denn mit der Küche zu recht? „Mensch, komm mit rauf!", sagt der. Dann sind wir zusammengefahren. So ist das gegan-

---

[50] Kosaken waren ursprünglich Gemeinschaften freier Reiterverbände aus den russischen und ukrainischen Steppengebieten. Während des Zweiten Weltkrieges kämpften die Kosaken sowohl für Russland als auch für das nationalsozialistische Deutschland, weil sie sie sich davon versprachen, bestimmte Rechte und Privilegien wieder zu erhalten bzw. die orthodoxe Religion ausüben zu können. Sie wurden hauptsächlich für Sicherungsaufgaben und zur Partisanenbekämpfung eingesetzt. Die Kapitulation Jugoslawiens im April 1941 und der gleichzeitige Zerfall des Vielvölkerstaates läuteten einen der blutigsten und opferreichsten Partisanenkriege in der Geschichte ein. Den Kosakenregimentern wurde die Aufgabe übertragen, neben dem Schutz der Nachschublinien auch zum Angriff auf die Partisanen überzugehen und sie aus ihren Stützpunkten zu vertreiben (siehe auch https://www.bundesarchiv.de/oeffentlichkeits arbeit/ bilder_ dokumente/ 00943/index-26.html.de).

gen, da hatten wir die Küche und wir hatten was zu essen. Das war die Überbrückung, sonst hätten wir ein paar Tage nichts zu essen gehabt.

Auf der Straße sind uns dann die Engländer entgegen gekommen mit ihren Panzern und haben mit Lautsprecher raus gebrüllt: „Deutsche Landser macht die Straßen frei, wir wollen die Prinz-Eugen-Kompanie befreien!" Die waren eingekesselt in Ljubljana, in Slowenien, von den Serben. Die Engländer wollten sie befreien, weil die Prinz Eugen gehörten ja zum österreichischen Militär[51]. Auf die haben sie ja gehalten, nur auf die Deutschen nicht! Aber trotzdem, den Deutschen ist es auch gut gegangen! Die Prinz Eugen-Kompanie soll die tapferste Kompanie gewesen sein. Es hieß, die Engländer haben sie befreit. Und unterdessen sind wir in die Gefangenschaft gekommen.

Dann sind wir dort an der Grenze bei Völkermarkt gewesen und haben unsere Karabiner abgegeben. Wir Sudetendeutsche sind mit den Österreichern zusammengekommen. Uns haben sie zusammen gegeben, weil wir früher mal Österreicher waren. Dann sind die Tschechen extra gewesen. Und die Reichsdeutschen sind extra gewesen. So haben sie die Gefangenen eingeteilt im Lager. Also das war so: wer sich bekennt als Tscheche, da rüber! Wer sich be-

---

[51] Die 7. SS-Freiwilligen-Gebirgs-Division „Prinz Eugen" war eine Division der Waffen-SS, sie bestand aus ehemals österreichischen volksdeutschen Banater Schwaben und wurde vor allem durch ihre Kriegsverbrechen im Partisanenkrieg in Jugoslawien bekannt.

kennt als Sudetendeutscher, da rüber! Wer sich bekennt als Reichsdeutscher, da rüber!

Großmutter 1944–1945 • letzte Tage in der Heimat

Wir haben auf 800 Meter gewohnt. Das war über der Bahnlinie, wo ich gebaut hab. In den Bergen gab es haufenweise Beeren. Himbeeren, Heidelbeeren und Pilze. Ich dachte, da kommt der Bergbau nicht rauf. Aber ich hab mich geirrt. Heute wird auch da abgebaut.

Als der Hitler kam, der hat gleich Stollen in den Berg getrieben. Da gingen 2000 Menschen rein, als Bunker. Da waren wir dann alle drin. Sechzehn Bombenangriffe von den Engländern und Amerikanern habe ich erlebt. Der erste war am 12. Mai 1944 und bis 1945 hatten wir sechzehn Angriffe. Ich hab sie gezählt.

Ich war im Bergbau unten im Zentrumsschacht als Köchin. Meine Mutter hat das vorher gemacht, aber sie ist nicht mehr hingegangen. Sie ist mit meiner Tochter und ihrem anderen Enkel jeden Tag früh aufgestanden und in den Bunker gegangen. Eins hüben, eins drüben.

Ich bin immer mit dem Fahrrad zum Schacht gefahren. Einmal konnte ich nicht mehr heimfahren, da war schon Vollalarm. Da bin ich ein paar Meter in den Schacht rein gelaufen. Nach unten waren 180 Stufen. Noch während ich die geklettert bin, sind schon die Bomben gefallen. Da bin ich dann in die Stollen gegangen, aber von der Schlackenhalde ist das Wasser durchgekommen. Da hat es immer geregnet in der Halde drin. Das war schon mit Holzschwellen ausgebaut, eingefallen ist sie nicht. Die wollten mich aber nicht reinlassen. Die hat kein Kind, haben die Tschechen gesagt. Da hab ich gesagt: „Holka domov! Das Kind ist zuhause bei Babitschka!"

Großmutter und Mutter, 1941

Dann hat der Tscheche, der meinen Vater später verteidigt hat, gesagt: „Ja, das ist dem Preißler sein Kind. Kommen Sie nur rein, Sie gehen hier auch noch rein!" Als ich wieder zuhause war, hat der Vater mich geschimpft und hat gesagt: „Du hast daheim ein Kind!"

Die Tschechen waren schon bissig, die wussten, dass wir verlieren. Es ging schon drunter und drüber. 1945 im Januar hab ich dann Schluss gemacht mit dem Kochen. Von den Schachtmeistern kamen viele aus Frankfurt, die waren ja halbe Ingenieure. Die Arbeiter waren Gefangene: Russen, Franzosen und die Engländer. Für die hab ich nicht gekocht, nur für die anderen. Das waren 22 Mann. Jeden Tag nur Suppe. Ich hab nur fünf Gramm Fett für 20 Leute gekriegt.

Die Bergarbeiter konnten drinne bleiben. Mein Vater war ja schon im 60. Lebensjahr, den hat man nicht mehr gewollt, den haben die Tschechen dann zusammen gedroschen, bis er am Boden lag. Der war ja am Fußboden liegen geblieben. Weil, der war ja Sani, da musste er immer aufschreiben, ob die Tschechen pünktlich gekommen sind oder ob sie blau gemacht haben. Das musste er eintragen.

Und dann, das weiß ich noch gut, war da ein Tscheche. Das war ein anständiger, gewissenhafter Mann. Der ist aufgestanden und hat gesagt: „Dem Preißler macht ihr nichts mehr, sonst schlag ich euch tot! Der war nur Sanitäter und der hat nur seine Pflicht getan, wie der Arzt!"

Aber der Arzt konnte ihm auch nicht weiterhelfen. Da ist er halt wieder in den Schacht getrabbelt, sonst hätten wir kein Geld gehabt. Wir hatten da auch schon deutsches Geld gehabt. Das hab ich schon eingenäht, in den Mantel. Die Mutter auch, ins Futter.

Die hätten uns ja totgeschlagen, wenn sie wären drauf gekommen.

Großvater 1945–1946 ● Gefangenschaft

In der Gefangenschaft in Klagenfurt hatte ich's gut. Da haben wir eine Baracke gekriegt, dort konnten wir auch schwarzschlachten. Da haben wir manches schwarz gemacht. Die haben im Lager auch eine Küche gehabt. Da war so eine alte Fabrik, da sind wir reingekommen. Na ja, immer noch besser als draußen, nicht? Und dann hieß es: Geschwind, wer ist hier Elektriker? Sag ich, ich bin zwar keiner, aber das ist kein Problem, das kann ich machen! Gut, Zettel geschrieben, Ausgang gekriegt. Das ist dann alles durch den Engländer gegangen. Ich hab einen Ausweis gekriegt. Ich konnte zu jeder Zeit rausgehen und einkaufen, Material holen. Dann hab ich bei uns überall das Licht gelegt, halt nur provisorisch. Da eine Lampe, dort eine Lampe, wie sie gelegen haben.

Dann hat der von der Forstkompanie das erfahren und hat den Hauptmann gefragt, ob ich das nicht da auch machen könnte, die hätten niemanden. Hab ich halt dort auch noch Licht gelegt. Der hat wieder gesagt, ich kann Ihnen nichts geben. Wir ham ja nix. Wir sind ja alle Gefangene. Sagt der Oberleutnant: „Na, aber ich könnte Ihnen Stoff geben, italienischen, neuen! Für einen einen Mantel oder einen Anzug." Sag ich: „Das nehm ich auch!" Hab's genommen und hab einen Kärntner Anzug machen lassen.

Ach, dort war es ja zugegangen. Mal bin ich zum Tanzen gegangen, da war ein Förster, der hat gefragt, hast du keine Zigaretten? Sag ich, ja, jede Menge. Aber du hast doch Knöpfe da vorne an deiner Jacke! Sagt er, na, die kannste haben. Zwei Zigaretten für einen Knopf. Die waren aus Nickelstahl, paspeliert, das waren schöne Knöpfe. Die konnte ich gleich abschneiden, alle! Na ja, der war ja halb besoffen, dass er so ein Geschäft macht. Und die haben gerade zu dem Kärntner Anzug gepasst.

Dann war ich bei einem Schuhmacher. Der hat gesagt, wenn du mir tätest den Kurzschluss raus machen, dass ich abends arbeiten kann, dass ich Licht hab, ich mach dir ein paar Schuh. Sag ich, ja, ich komm morgen gleich her. Material hab ich gehabt auf dem seine Kosten. Na, hab ich Licht gemacht bei den Leuten, die uns das Fleisch gekocht haben, in Pörtschach. Die haben mir auch das paspelierte Zeug gebracht, das grüne für meinen Anzug. Ich bin als Zivilist heimgekommen, so mit Aufschlägen und hinten ein Gürtel dran. So wie die Bayrischen, paspeliert.

Einmal war ich auch bei einem Bauern im Berg oben, der hat mich eingeladen. In der Stube waren seine drei Schwestern, die haben da bei Kerzenlicht gehäkelt. Zu denen hab ich gesagt, das muss doch nicht sein, ich mach euch 24 Volt Lampen her und da werdet ihr sehen, wie schön das ist. Mensch, die haben mich ja bald zerrissen, so haben die sich gefreut. Und dann hat der Bauer gesagt, du kannst jedes Jahr zu mir kommen.

In englischer Kriegsgefangenschaft, Klagenfurth, 1945

Ich bin überall gut weg gekommen! Der Arzt hat gesagt, er hätt ein Moped, so ein 98er Motorradl, ein echtes. Das hat er versteckt vorm Hitler, weil sie alles eingezogen haben. Das möcht er rausholen jetzt für seine Tochter, ob ich das *her richten* tät. Sag ich, ja, mach ich! Hab ich alles hergerichtet. Dafür hat er mich krankgeschrieben, wenn ich was gebraucht hab, denn manchmal hab ich Kartoffeln geklaubt bei einem Bauer, und da hab ich müssen frei haben.

Dann waren wir im Schlachthof, da hat einer den Auftrag gehabt, den Schlachthof wieder her zu richten. Da hab ich eine Werkstatt übernommen, wieder als Schlosser. Das steht auch auf dem Entlassungsschein von den Engländern. Ich war einer Zimmerei zugeteilt mit großen Maschinen. Ich hab einen Motor angeschlossen und hab mitgeholfen, die Träger auseinander zu machen.

Dann durften wir das erste Mal heim schreiben. Ich hatte auf den Brief drauf geschrieben: Adresse Alte Zuckerfabrik, Annabichlstraße/Hartmannstraße. Da hat die Großmutter zurück geschrieben: bei Frau Annabichl. Ich dachte, ich seh nicht gut. Naja, das waren keine guten Nachrichten. Sie hat geschrieben, dass mein Vater beim wilden Transport[52] über die Berge von den Tschechen erschlagen worden ist. Mit 80 Jahren *ham* sie den alten Mann da rauf gejagt wie die wilden Hunde, da ist er zusammengebrochen und da haben sie ihm den Gnadenstoß gegeben. Er hat keinem was zu Leide getan. Mein Wunsch wäre, dass man denen, die das getan haben die Augen ein-

---

[52] Als Wilde Vertreibung bezeichnet man die unkoordinierte Abschiebung der deutschen und ungarischen Minderheit unter teilweise unmenschlichen Bedingungen, die erst im Herbst 1945 durch einen organisierten Transfer abgelöst wurde. Anfang Juni 1945 übernahm die tschechoslowakische Armee bis auf wenige Ausnahmen die Vertreibung der deutschen Bevölkerung. In Marschkolonnen wurden die Deutschen über die Staatsgrenze getrieben, wer dem Zug nicht folgen konnte wurde erschossen. Der Vater meines Großvaters ist vermutlich am 9. Juni 1945 beim Marsch von Komotau nach Maltheuern ums Leben gekommen, bei dem mehrere Tausend deutschböhmische Männer aus Komotau und den umliegenden Dörfern vertrieben werden sollten. An der Grenze zur sowjetisch besetzten Zone nach Sachsen wurden sie von den Russen jedoch zurück gewiesen. Die Überlebenden wurden schließlich im tschechischen Arbeitslager Maltheuern als Zwangsarbeiter eingesetzt (siehe auch http://www.wildevertreibung.de/).

drückt! Ich war nur froh, dass meine Mutter das nicht mehr miterlebt hat. Die Russen haben auch 80jährige Frauen nicht verschont und meine 17jährige Schwester wurde mehrmals vergewaltigt und der Vater musste zusehen.

In der Gefangenschaft hab ich dann die Umschulung zum Schlosser gemacht. Der Sturmmeister hat entdeckt, dass ich was verstehe von den Fahrzeugen. Na, sagt er, du bleibst bei mir im Werkstattzug. Da hab ich dann so lange mitgearbeitet bis ich die Umschulung fertig gemacht habe. Ich bin gut gefahren bis ich rausgekommen bin aus der Gefangenschaft in Österreich, in Klagenfurt. Von dort sind wir dann entlassen worden.

Großmutter 1946–1947 ● Vertreibung und Lager

Ja, da haben die gelacht, die Nickel Herta, die Frau von meinem jüngsten Bruder und ihre Eltern, als wir im Viehwagon Obergeorgenthal verlassen mussten. Sie haben noch höhnisch gewunken. Das war nicht schön, aber wir haben uns gedacht, die werden auch noch drankommen. Sind sie auch. Sie sind halt in die Zone gekommen. Die hatten es hundertmal schlechter als wir. Wir hatten es beim Amerikaner doch besser gehabt. Naja, gekriegt haben wir auch nichts.

Am 9. März 1946 sind wir aus der Heimat rausgeflogen. Naja, da sind wir halt so rum geschuckelt worden in den Viehwägen, nur reine Viehwägen. Da waren wir 30 Personen drin und jeder hat sein Bündel mitgehabt, seine 30 Kilo Gepäck. Da konnte man sich draufsetzen, ob es ein Teller war, oder ein Federbett war oder ein Kleidungsstück war, das war egal! Du hattest ja keinen Stuhl, kein Bett, nix gehabt! Dann biste so eingeschlafen. Fünf Tage sind wir so rumgegondelt, im März. Da war es bitterkalt draußen. Es hat gefroren und kein Feuer in dem Hüttelwagen, nix. Da haben wir mal einen schwarzen Kaffee reingekriegt, schwarz und bitter, Hauptsache heiß. Dann haben wir mal eine Wassersuppe gekriegt, am Tag einmal.

Zuvor noch, waren wir drei Tage in einem Lager. Da sind wir dann geimpft worden. Gegen alles Mögliche sind wir eingestaubt worden, wegen den Läusen. Da kam meine andere Schwägerin. Von meinem Mann der Halbbruder, der hat eine Tschechin geheiratet, und die hat mir so eine Tüte Kekse gebracht. So eine Tüte, das waren sechs, sieben Kilo. Da hab ich den Kindern halt immer so ein Keksel reingeschoben, wenn sie gesagt haben: „Ich hab Hunger, haben wir nicht ein Stückl Brot?" Das Brot, die Rinde, haben sie gegessen als ob es Torte wär. Das war bitter, uns sein nur so die Tränen gekommen. Wir konnten schon nicht mehr lachen oder weinen oder was. Nur die Tränen, die sind nur so geflossen, Tag und Nacht.

Dann sind wir hier her gekommen. Und in jeder großen Stadt haben wir nur schwarze Neger gesehen. Da haben wir gesagt: „Lauter Neger, lauter Neger! Aber kriegen wir da auch was zu essen? Wenn wir nur mal eine Kartoffel würden kriegen!" Dann sind wir in das Lager gekommen. Da hat es dann mal Kartoffelsuppe gegeben, da waren wir schon glücklich.

Im Lager waren meine Eltern, ich und die Waltraud zusammen. Mei, das war nicht schön! So viele Leute! Das waren Häuser, mein Gott! Wir haben immer gefragt, kommen wir denn nicht bald fort? Ja, haben die immer gesagt, morgen kommt ihr fort. Da war immer das Klo verstockt. Da hat eine gesagt: „Ja, das sind die jungen Weiber. Die haben alle Abgang und da ist der Abgang drinne!" Da hat meine Mutter gesagt: „Wo soll denn der Abgang herkommen? Wo kein Mann ist, da ist kein Abgang!" Die hat sich aufgeregt und hat uns in Schutz genommen. Die Mutter hatte ein ganz schönes Mundwerk, der Vater war da eher still. Aber das hatte keinen Wert, da musste man sich schon auf die Hinterfüße stellen. Dann ist noch rausgekommen, die was sich so aufgeregt hat, hat den Abort gehabt.

Dann sind wir nach Niederaurach gekommen. Wir waren alle in einem Raum, meine Eltern, die Waltraud und ich. Die Miez, meine Schwägerin, hatte es schöner. Die war bei einem Bauer. Auch in einem Zimmer mit ihren Kindern, aber die hatte ein Zimmer allein. Da dachte ich, wenn mein Mann jetzt heim kommt, was ist das für ein Theater?

Ich hab mich für 20 Mark im Monat als Magd verdingen müssen und die Karten da beim Bauer abgeben müssen, die Lebensmittelkarten. Früh gab es Dickmilch und Kartoffeln. Mittags gab es Kartoffel, Sauerkraut, eingestampfte Bohnen, die haben hässlich geschmeckt. Und abends wieder Dickmilch und Kartoffeln. Die ganze Nacht musste ich aufs Klo, das war draußen auf dem Hof. Da musste ich aber durchs Wohnzimmer, aber da hat der alte Herr geschlafen. Das war furchtbar! Das war furchtbar! Das war 1946.

Der Vater ist da gestorben. Der ist im Oktober 1946 bei dem Bauern in Niederaurach gestorben. Beerdigt ist er in Itzstein, das ist in Hessen, zwischen Limburg und Frankfurt. Der hat so einen kleinen Leistenbruch gehabt und da hat er Lungenembolie dazu gekriegt und dadurch ist er gestorben. Seine Schwester liegt da auch. Die war drei Monate vorher gestorben. Meine Mutter hat noch elf Jahre gelebt. Die ist noch runter nach Bayern mit uns.

Großvater 1947–1949 ● Neuanfang

Ich bin ja mit dem Bepp, der Großmutter ihrem Bruder, aus der Gefangenschaft in Österreich raus gekommen. Wir waren zwölf Mann, zehn Bayern und zwei Sudetendeutsche. Wir sind nach Frankfurt gekommen, der ganze Zug natürlich. Und die vom Arbeitsamt haben uns aufgeschrieben. Die wollten uns da oben zur Arbeit einsetzen, Frankfurt aufbauen. Da habe ich gesagt, da wird nichts draus. Wir kommen jetzt gerade aus der Gefangenschaft und wollen jetzt erstmal unsere Familie finden, dann können wir arbeiten. Wir gehen jetzt nach Augsburg, da sind die! Das hat aber gar nicht gestimmt. Ich wusste nicht, wo die waren.

In Augsburg hab ich dann bei der christlichen Wohnungshilfe gearbeitet, in Hochzoll-Süd auf der 40er Wiesen. Da waren lauter Baracken. Da mussten Türen angeschlagen werden, Schlösser reingemacht, und das hab ich gemacht. Und der Joseph, mein Schwager, hat ausgestemmt, weil, der war Zimmermann. In der Oblater-Wall-Straße war unser Lager. Auch in der SWA, das war eine Zwirnerei. Da war ein Durchgangslager für Flüchtlinge, da sind die hingekommen und dann verteilt worden.

Da hatte ich auch so ein Theater! Da kam einer, der hieß auch Bittner, das war ein Ungar. Der hatte Essen und kein Geld, ich hatte Geld und kein Essen. Da hab ich von ihm einen Sack Maismehl gekauft. Da ist der Lagerchef drauf gekommen und wollte mich anschwärzen. Aber weil ich den Frauen geholfen hab, die Kartoffeln raus zu tragen, die haben die dann geschält, hat eine, die Ries, mich verteidigt. Die hat gesehen, dass wir uns streiten und da ist sie auf ihn losgegangen, und hat ihn angeschrien, wenn du dem was antust, ich weiß mehr von dir, ich sag's meinem Mann – die waren von Lechhausen und das waren ganz gefährliche Kerle – da wirst du was erleben. Der ist berechtigt, wenn er Geld hat, dass er was kauft. Das ist nicht gestohlen! Na, dann war's gut!

Dann war da mal einer in der Baracke von den Flüchtlingen. Der hat gesagt: der Transport, wo deine Familie dabei ist, ist da raufgegangen, nach Bad Schwalbach. Dann sind wir, der Bepp und ich nach Bad Schwalbach und haben erfahren, dass die dort verteilt worden sind, auf die Dörfer. Die waren in Itzstein.

Dort haben wir dann wieder erfahren, sie sind in Niederaurach. Und da war dem Bepp seine Frau beim Bürgermeister und meine war bei einem Bauer. Da sind wir dann dahin. Und da hab ich in der Nachbarschaft eine Bäuerin gefragt, ob sie die Waltraud kennt, die Kleine. Sagt sie, ja, ja, die kenn ich, die kommt immer zu uns! Sie gibt ihr immer ein bisschen was zu essen. Dann hab ich gesagt, sie soll so gut sein und sie mir mal herbringen. Ja, dann kommt sie halt und ich nehme sie auf den Arm und frage sie: „Na, kennst du mich nicht? Nein? Kennst du mich wirklich nicht?" Ich war zwei Mal auf Urlaub. Das letzte Mal hat es auch lang gedauert bevor wir heim gekommen sind.

Dann hab ich gesagt: „Wo ist denn die Mutti?" Da drüben bei den Schweinen, tät sie arbeiten. Na, da bin ich rein, mit der Waltraud auf dem Arm und sehe, wie sie gerade den Mist rauszieht mit der Mistgabel von den Schweinen. Dann hab ich sie abgesetzt, bin hingegangen, hab ihr die Mistgabel weggenommen und hab sie 10 Meter hoch gefeuert und die ist wieder runtergekommen und ist im Misthaufen stecken geblieben, mitten im Misthaufen. Ich hab meine Schlosserhosen angehabt. Mei, wie sie ausgesehen hat. Dann hab ich gesagt: „Du gehst mir nicht mehr da in den Schweinestall, die solln sich den Dreck selber wegmachen!". Dann war's gut! Ja, da waren wir alle froh! Ich hab auch schwer gekämpft, dass ich sie wiederfinde.

Aber viel ist auch nach meinem Kopf gegangen. Ich hab gesagt, da oben in Hessen bleib ich nicht. Ich setz mich nicht in so ein Kaff, da krieg ich keine Arbeit. Ich gehe wieder nach Augsburg. Augsburg kannte ich, weil ich einen Transport gefahren hab mit Baumwolle in die SWA (Mechanische Baumwollspinnerei und Weberei Augsburg) 1940 im Güterfernverkehr. Da hab ich mir gedacht, Augsburg ist eine schöne Stadt. So viel Menschen waren damals nicht da. Ich hab auch Baumwolle in die Spinnerei gefahren, in der die Großmutter dann gearbeitet hat. Da sind wir nach Johnsdorf gekommen. Da hab ich die Großmutter mitgenommen. Da mussten wir unter einer Brücke durch und sie hat gefragt: „Kommen wir da durch?" Und ich hab gesagt: „Da musst du dich bücken, damit wir durchkommen."

Aber da war auch alles kaputt nach dem Krieg. Die ganzen Fabriken. Als wir hier her gekommen sind, hab ich mich gemeldet. Wir waren dann in Kutzenhausen und da hat die Großmutter schon Arbeit gekriegt. Sie hat dann in der Spinnerei angefangen. Da hab ich gesagt, sie soll fragen, ob ich könnte als Schlosser anfangen. Da hat sie gesagt, das macht sie nicht. Da hab ich mir gedacht, du kannst mir den Buckel runter rutschen. Ich bin selber hingegangen und hab gefragt und konnte am nächsten Tag gleich anfangen. Und dann hab ich in Proviantbach Webstühle gebaut, ich hab Automaten gebaut, alles Mögliche.

Dann hat sie mal geweint, weil sie nicht mitgekommen ist mit der Arbeit. Sie hat das ja schon daheim gemacht, aber da ist sie dann nicht mehr mitgekommen beim Akkord. Der Meister täte sie schikanieren. Da bin ich mal rüber und hab ihn rausgerufen den Meister, so *a klaans Manel*. Und hab gesagt, ich muss Ihnen mal was sagen, ich bin zwar nur Schlosser und Sie sind Meister, aber wenn Sie das noch weiter so treiben und meine Frau schikanieren, dann werden wir richtig zusammenkommen. Ja, der war ganz blass geworden. Es hat gar nicht lang gedauert, kommt schon die Müllerin, die war von der Gewerkschaft und frägt meinen Meister, wo ist denn der Bittner, und dann hat sie mich gemustert, hat aber nichts gesagt. Na ja, dann war das rum.

Meine Schwester, die Miez, ist allein in der Tschechoslowakei geblieben nach dem Krieg. Wir haben uns viel geschrieben. Sie hat uns auch besucht in Augsburg, da hatten wir schon gebaut. Einmal haben wir uns dann bei ihrer Tochter in Brandenburg getroffen. Ich weiß leider nicht, wo sie wohnen, hab keine Adresse. Sie wurde nicht ausgewiesen, ich weiß nicht warum. Sie hat halt Dreckarbeit gemacht. Sie hat in einer Knochenmühle gearbeitet. Da sind wagonweise Knochen gekommen und sie haben Seife draus gemacht und so Zeug. Ich glaube, deshalb musste sie nicht fortgehen, da durfte sie dortbleiben. Die Bergleute haben sie auch dabehalten[54]. Immer wenn einer so eine Arbeit gemacht hat, wo sie niemanden gekriegt haben von den eigenen Leuten.

Nach dem Krieg ist sie dann krank geworden und kam nach Komotau ins Krankenhaus. Dort hat es auch wieder Schwierigkeiten gegeben. Der Erich, ihr Nachbar, der hatte einen Kaufladen. Er kam mit und hat gesagt: „Sie werden nicht so gut Tschechisch können, ich fahr mit rauf nach Komotau!" Da war sie schon gestorben. Sie hatte Krebs und den Krebs hat sich bestimmt geholt in der Knochenfabrik. Da hat es ja gestunken hundert Meter weit.

Wir haben ihren Ausweis gebraucht, denn sonst hätten wir sie nicht beerdigen können. Es hätte ja passieren können, dass die Tschechen uns einsperren, ohne Ausweis. Also sind wir zusammen in das Krankenhaus gefahren. Die Oberin hat uns gesagt, es wäre nichts mehr hier, sie hätte alles mitgenommen. Da dachte

---

[54] Zu den Heimatverbliebenen, die nicht aussiedeln mussten, gehörten u.a. Facharbeiter wie Bergleute, die dringend für den Wiederaufbau des Landes benötigt wurden.

ich mir, das glaub ich nicht. Dann sind wir alle in das Zimmer gegangen, in dem sie gestorben ist und ich hab die Patienten gefragt. Eine hat gesagt, die hat doch noch eine Tasche im Schrank! Dann ist ihre Tochter, die Gustl, in das Zimmer rein und sagt, Onkel Franz, die Tasche ist da! Da war alles drin.

Na, und mein Bruder, der Oswald, ist in die DDR gemacht. Der war Bergmann. Zuletzt war er im Kali-Bergbau. Es ist noch nicht lange her, dass ich drüben in Thüringen war, zur Konfirmation seiner Enkeltochter. Ich war halt ein paar Mal drüben als noch die DDR war und einmal als nicht mehr DDR war. Die hatten einen Sohn, der hat gesagt: „Onkel Franz, es wird nicht mehr lange dauern, dann werden wir euch von den Amerikanern befreien!" Dann hat sein Vater gesagt: „Franz, wenn ich dem jetzt eine in die *Gusch* hau, dann sitz ich morgen!" Das war ja beim Honecker der Fall. Da konnte ich nichts machen. Seitdem war es aus und so bin ich auch mit ihm auseinander gekommen.

Großmutter 1947–1948 • neue Heimat?

Dein Großvater ist 1946, am 14. Juni, gekommen und im November sind wir dann von Hessen nach Augsburg gegangen. Das war ein Geschieß! Schließlich sind wir, in einem Dorf in der Nähe von Augsburg, in so ein Haus rein gekommen. Da war die Decke kaputt. Da haben wir so ein paar Rote Kreuz-Betten gekriegt, ohne Matratze, ohne Drahtgestell. Da hat der Opa drei, vier Bretter reingelegt und Stroh. Kannst du dir das vorstellen? Da musste ich tagtäglich das Stroh wegputzen. Das war ganz schlimm! Dann hat er die Decke mit Lehm angeglitscht. Zwei Hocker und einen Tisch hatten wir, die hab ich noch oben in Hessen gekauft.

Das Haus und der Stadel waren zusammen gebaut. Ein Vierteljahr später, am 9. März, da ist der Stadel eingefallen. Genau am 9. März, da bin ich auch aus der Heimat rausgeflogen! Das Häuserle war baufällig und wir mussten ausziehen. Da hab ich so geweint! Da im Stadel war nichts drin, nur Stroh. Der Besitzer hat immer wieder Sparren raus genommen und verbrannt. Dann kam ein Wind und dann ist der Stadel zusammengefallen. Dann kam der Gemeindediener und hat gesagt: „Sie müssen sofort raus!" Da hab ich gesagt: „Auf die Straße?" Immer am 9. März, hab ich gesagt, das Datum muss ich mir gut merken.

Na, dann sind wir in die Käserei gekommen. Da hat die Frau, die vorher da gewohnt hat, mit sechs Kindern nach Ost-Berlin gemacht. Der Mann war gefallen und sie hat ein Telegramm bekommen: Wenn du nicht sofort kommst, ist deine Wohnung weg. Ich kann mich nicht mit dem Hintern draufsetzen, auf die Wohnung. Dann haben wir von dem Bauern Betten gekriegt. Hab ich gesagt: „Wenn ich nur ein paar Säcke hätte zum Draufnähen!" Die Matratzen, die noch da waren, waren ganz voller Blut. Die Wohnung hat 48 Mark gekostet. Das war viel Geld damals und der Großvater hat nur 12 Mark im Monat verdient.

Die Mutter war noch im Lager bei meiner Schwägerin, der Miez, da auf der 40er Wiesen in Augsburg. Aber die Ehe mit meinem Bruder ging auseinander. Da war jeden Tag Mord und Totschlag. Da haben sich schon die Lagerinsassen beschwert über den ganzen Streit. Die Miez hat den Schnabel nicht gehalten und der Joseph war brutal. Wenn halt eine Ehe auseinander geht ist das so, bei manchen geht's auch gut aus. Ich hab meinen Schnabel gehalten.

Ja, so ging das von 1947–48. Dann war mein Geld alle, gerade als die Währungsreform kam. Da hab ich zu ihm gesagt: ich kann nichts mehr umtauschen, ich hab kein Geld mehr! Er hatte ja kein Geld. Ich hatte das von Daheim und an der Grenze haben die Waltraud und ich jeder 1000 Mark gekriegt vom Ami, angeblich. Dann kam die Währungsreform. Da war eine ältere Frau mit zwei erwachsenen Kindern, die hat gesagt: „Machen sie sich keine Sorgen, ich gebe Ihnen Geld, das können sie umwechseln." Sie hatte in diesen acht Tagen der Währungsreform einen Spätheimkehrer geheiratet. Der war so krank, die wusste aber nichts, das war 1948.

Meine Mutter war dann ja auch da und hat bei uns gewohnt, hatte aber keine Rente. Mein Bruder hat sich dann erbarmt und Ordnung gemacht und ist nach München gegangen und hat denen die Hölle heiß gemacht. Ob sie alle verrückt wären? Jetzt ist schon zwei Jahre der Vater tot und sie hat noch keine Rente. Wovon sie denn leben soll? Er wäre arbeitslos und hätte nur 10 Mark in der Woche. Das ging dann aber noch lange hin und her bis Geld kam.

Dann sind wir in ein anderes Dorf gezogen. Das waren nur fünf Häuser. Da ist die Schmutter jedes Jahr bei der Brunnermühle über die Ufer getreten. Da hat man gesagt: Bittner, kannst du nicht uns mithelfen einen Damm bauen? Da ist noch einer, der will auch was verdienen. Da waren dann sechs oder acht Leute. Keiner hatte Geld. Der Besitzer hat dann gesagt: Ich gebe euch ein paar Bretter, geschnittene, die werdet ihr brauchen. 4x8 Meter hat er ausgerechnet. Der Bauer hat sie beköstigt. Die haben ein Schwein geschlachtet. Da gab es einmal Blut- einmal Leberwurst. Der Damm war in acht Tagen fertig. Ja, das war dann wenig für uns alle. Wir waren ja vier Personen.

Dann hat der Bauer zu ihm gesagt, gehst du mal rüber über die Straße. Da war ein Schreinermeister, mit dem hat der Bauer sich verstritten. Die hatten zwei Felder nebeneinander. Der eine hat die Steine rüber geworfen, der andere hat die Steine nüber geworfen. Und da hat sich der Bittner Franz eingemischt und dem Schreiner gedroht, wenn er noch mal die Steine rüber schmeißt, kriegt er die an den Schädel. Wie er halt immer war. Es ging ihn doch nichts an. Hätten sich doch die Köpfe runterreißen können, das waren doch Einheimische.

Dann hat er zu mir gesagt, gehst rüber und sagst zu dem, er soll uns die Bretter hobeln, wir bezahlen sie. Die Mutter hat dann Rente gekriegt, 199 Mark im Monat, das war viel Geld. Also bin ich hin, und der hat gesagt, in acht Tagen kann ich die Bretter holen. Dann bin ich hin in acht Tagen und er hat gesagt, die Bretter sind mir gestohlen worden. Hab ich gesagt, so, so, die sind Ihnen gestohlen worden. Und der Sohn hat gesagt, aber Vater, die sind doch noch im Keller. Sagt der, halt deine Schnauze, die sind gestohlen worden.

Ich bin so bös worden und hab dem Mann eine runtergehaut. Da hat er gesagt, das kommt Ihnen teuer zu stehen. Hab ich gesagt, mehr als einsperren können sie mich nicht. Den anderen ihre Bretter haben Sie auch nicht gestohlen und gerade uns armen Flüchtlingen stehlen Sie Bretter? Dann musste ich auf die Gemeinde und der Bürgermeister hat gesagt: „Sie müssen Abbitte leisten!" So haben sie die Flüchtlinge halt behandelt. Hab ich halt Abbitte geleistet. Vier, fünf Wochen später war der Bürgermeister weg, weil er ein großer Nazi war, hat es geheißen.

Der Großvater ist halt weiter rum gelaufen und hat Arbeit gesucht. Ich hab gesagt, das halt ich nicht mehr aus! Dann hat er sich einen Schleifstein gebaut.

Ich sollte drehen und konnte das nicht. Da hat er gesagt, ich wär blöd. Dann ist er als Pfannenflicker gegangen und hatte so Zinn oder Blei zum Löten. Das sagen sie zu deiner Mutter heute noch bei den Schultreffen: „Was macht dein Vater? Ist er immer noch Pfannenflicker?" Und da will sie nicht mehr hin gehen.

Keinen Schrank hatten wir und nichts. Die Wäsche ist von Woche zu Woche eingestaubt. In der Käserei hatten wir ein Zimmer und später noch einen Raum als Küche. Die Mutter hat dann auf einmal kein Geld mehr fürs Essen dazu gegeben und hat für sich allein gekocht. So sind sie halt, die alten Leute, auf ihrem Geld sitzen sie. Sie hat sich dann einen Handwagen gekauft, heute hätte ich den gerne. Dein Großvater hat noch einen Ziegenbock gekauft, so ein Zwitter, was keine Jungen kriegen konnte. Da hat die Mutter auch noch das Geld für hergegeben. Ich glaub, die Ziege hat 70 Mark gekostet. Die haben wir dann geschlachtet, da hatten wir gut zu essen und so viel Fett, das konnte man aber nur zum Backen verwenden.

1957 ist sie dann ins Krankenhaus gekommen und da gestorben. Sie war 69 Jahre alt. Sie hatte viermal eine Operation auf Nabelbruch. Sie hat sich auch nicht gehalten, sie hat so viel Blumenkohl gegessen. Der war schon blau von der Sonne, sechs, sieben Stück an einem Tag. Aber wenn die Menschen älter werden, werden sie ein bisschen komisch.

Dann ist die Zeit vergangen. Im August ist ein Brief von der Bahn gekommen: Er kann anfangen, im Oberbau. Ich war da schon in der Arbeit bei der SWA in Augsburg, das war 1948. Da hatten wir ausgesetzt, acht Tage lang. Da war in Korea der Krieg. Da hieß es, wir hätten nach Korea geliefert, und da war ich acht Tage zuhause. Da hat er gesagt, bring mir nur jeden Tag mein Mittagessen. Bin ich halt gelaufen, zu Fuß. Barfuß, ohne Schuhe. Bin ich halt gelaufen, jeden Tag.

Großeltern und Mutter, das erste gemeinsame Foto nach
Kriegsende, Augsburg 1947

Nachwort

„Das einzige Paradies ist das
verlorene Paradies."
Marcel Proust

Ich bin 1962 geboren und lebte bis zu meinem zwölften Lebensjahr bei meinen Großeltern in einem kleinen Dorf in der Nähe von Augsburg. 1954 bauten sie
mit geliehenem Geld und der Lastenausgleichszahlung im Landkreis ein Haus in Hanglage. Euphemistisch wurde die Straße, vor der Eingemeindung in ein
größeres Dorf, Bergstraße genannt. Vielleicht dachten meine Großeltern, das wäre ein passender Stra
ßenname für Menschen, die ihr Leben lang in den
Bergen gewohnt haben.

Mein Leben war in diesen Jahren geprägt von der
strengen aber nährenden Fürsorge meiner Großmutter und den Liedern und Geschichten meines Großvaters. Oft sprachen meine Großeltern und die Verwandten über die „Heimat". Einem schönen, fernen
Ort, wie es mir als Kind erschien, doch irgendwie auch
ein verbotener. In dieser Zeit wurde dieses geheimnisvolle Land, nach dem meine Großeltern sich offenbar so sehr sehnten, wohl unwillkürlich auch ein Teil
von mir.

Warum ich bei meinen Großeltern aufwuchs? Meine
Vermutung ist, dass meine Großeltern versuchten, mit
mir das Familienleben nachzuholen, das ihnen aufgrund von Krieg und Vertreibung mit ihrer eigenen

Tochter nicht möglich gewesen war. Vielleicht war es der Versuch, eine heile Welt zu bauen – und für einige Jahre, damals Anfang der 1960er gelang das auch.

Der Höhepunkt des Tages war für mich immer, wenn mein Großvater von seiner Arbeit als Schlosser bei der Bahn nach Hause kam, mit seiner nach Schmieröl riechenden Jacke und der Schildmütze, die ich dann aufsetzen durfte. Dann spielte er oder sang mit mir. Wir machten Ausflüge in den Wald, manchmal auch in den Zirkus oder auf den Rummel.

Handwerklich begabt und immer voller Energie, baute er für mich eine Schiffschaukel und ein Karussell, ein Puppenhaus mit selbstgebauten kleinen Holzmöbeln und einen Kaufmannsladen. Meine Großmutter schmückte die kleine Bühne für das Kasperletheater mit einem selbstgenähten roten Samtvorhang und stattete die Marionettenköpfe liebevoll mit Kostümen aus.

Die Küche war das Refugium meiner Großmutter. Sie kochte und backte, ja zauberte aus meiner Sicht: Bienenstich, Szegediner Gulasch, Böhmische Knödel, Buchteln, Reibedatschi. Ich sah ihr zu und konnte auch hier und da mal naschen. Manchmal, wenn ich im Winter krank war, durfte ich untertags auf dem Diwan schlafen. Ihr Hantieren in der Küche hatte immer etwas Beruhigendes für mich. Sie sprach nur wenig. Oft saß sie stundenlang am Fenster und sah einfach nur hinaus. Ich spürte, sie war weit weg und traute mich dann nicht, sie dabei zu stören.

Mein Großvater gab meist den Ton an bei uns zu Hause. Es war ihm zum Beispiel überaus wichtig, dass das Essen immer pünktlich auf dem Tisch stand, wenn er zur Mittagspause nach Hause kam. Doch meine Großmutter war die graue Eminenz. Wenn sie wieder einen ihrer Aufträge an ihn vergab, antwortete mein Großvater oft witzelnd: „Jawoll, Herr Feldwebel!" Ihr fiel auch eher das Ressort Kontaktpflege, Planung, Ämtergänge zu. Alles Dinge, für die mein Großvater „nicht so den Kopf hatte".

Wir saßen oft nach dem Abendessen zusammen und mein Großvater erzählte mir aus seinem Leben und sang oder spielte mir etwas vor. Da er aus einer Familie kam, in der die Volksmusik eine lange Tradition hatte, konnte er viele Instrumente spielen. Er beschäftigte sich oft stundenlang mit mir, brachte mir Kinderlieder und Gedichte bei. Manchmal sang er mir „Lustig ist das Zigeunerleben" vor und begleitete sich dabei auf dem Bandoneon. Ich höre immer noch seine Stimme, wie er mir ein kleines tschechisch-deutsches Gedicht beibringt:

Stůl − Tisch

Ryba − Fisch

Useň − Leder

Péro − Feder

Dům − Haus

Myš − Maus

Jetzt ist die Geschichte aus

Oft erzählte er mir auch Geschichten über seine Kriegserfahrungen. Meine Großmutter spülte währenddessen ab oder werkelte anderweitig in der Küche. Manchmal bekam sie einen missmutigen Gesichtsausdruck, lachte ungläubig oder gab andere Unmutsäußerungen von sich. Vielleicht, weil sie diese Geschichten nicht hören wollte oder seine Rolle in der Geschichte anzweifelte? Es irritierte mich, doch ich genoss es, einfach da zu sitzen und ihm zuhören zu können.

Die Familien meiner Großeltern waren nach Kriegsende über verschiedene Länder, Ost- und Westdeutschland, Österreich und Tschechien verteilt. Während es meine Großeltern Anfang der 1960er Jahre in der neuen Heimat zu einem bescheidenen Wohlstand gebracht hatten, ging es den Familienmitgliedern, die in der alten Heimat geblieben waren oder in der DDR lebten, nicht so gut. Noch lange wurden Päckchen in die *Tschechei* und die DDR geschickt. Manchmal bekamen auch wir Päckchen mit Thüringer Wurst oder Handtüchern aus China.

Die Entfernung, aber auch die unterschiedlichen politischen Strömungen und die zunehmend ideologisch angeheizte Stimmung in der Zeit des „Kalten Krieges" spalteten die Familie in den darauf folgenden Jahren. Die Familienbande zerrissen. Ich kann mich erinnern, dass mein Großvater mehrmals *nach drüben* fuhr und eines Tages sehr aufgewühlt und verärgert von so einer Reise zurück kam, weil der Sohn seines Bruders ihm zum Abschied gesagt hatte: „Onkel Franz, es dauert nicht mehr lange und dann werden wir euch befreien!"

Die Schwägerin meiner Großmutter und ihre Kinder wohnten nicht weit weg von uns. Die *Städter* wurden sie genannt. Mit Beehive-Frisuren, Stöckelschuhen und schicken Kleidchen kamen sie sonntags oft zum Mittagessen mit anschließendem Kaffeetrinken. Dann wurde geschmaust, getrunken und endlos geraucht. Meist war die Stimmung ausgelassen. Doch es gab auch die anderen Momente, wenn plötzlich ein Gefühl von Anspannung im Raum stand, wenn die Stimmung kippte, begleitet von den leiser werdenden Stimmen der Frauen. Dann flossen Tränen und Worte wurden ausgerufen, wie *Jerten*[55], die für mich damals keinen Sinn machten, die bei den anwesenden Erwachsenen jedoch zu intensivem Kopfnicken und zustimmendem Murmeln führten.

Manchmal, wenn ich mit meiner Großmutter zum Einkaufen ging, bemerkte ich, dass wir etwas anders sprachen als die Menschen um uns herum. Ich fand das offensichtlich so inspirierend, dass ich bei einem Urlaub in Osnabrück der Enkelin unserer Gastgeber erzählte, dass wir aus einem anderen Land kämen und aus dem Stegreif fremd klingende Worte erfand, die sie sichtlich beeindruckten. Später wurde es für mich schwieriger, damit umzugehen. In meinen ersten Schuljahren verstummte ich zur Verzweiflung meiner Großmutter im Unterricht fast komplett, weil ich das Anderssein so intensiv spürte und Lehrer und Mitschüler mich das mitunter auch sehr deutlich spüren ließen.

---

[55] Mundartlich für Obergeorgenthal.

Mein Rückzugsort war unser Dachboden. Dort war ich oft und gerne allein, es war ein sicherer Ort für mich. Es gab unter anderem dort ein altes Grammophon, das mein Großvater aus den Müllbergen der Umgebung gezogen und liebevoll aufgearbeitet hatte, und einen Stapel Schellackplatten. Mit großer Begeisterung drehte ich immer wieder an der Kurbel und legte die dicke Nadel auf die Platten.

Sehr zum Unwillen meiner Großmutter nahm mein Großvater mich öfter mit auf seine Streifzüge zu den Mülldeponien. Sie fand das peinlich, aber er hatte viel Spaß am Reparieren von technischen Geräten und Instrumenten. Ein halbes Orchester hatte er da über die Jahre angesammelt: eine Mandoline, eine Geige, zwei Zithern, ein Bandoneon, später kam noch eine kleine Heimorgel dazu. Er konnte alle diese Instrumente spielen und sang dazu. Das sind für mich bis heute unvergessliche Momente.

2003 machte ich mich auf die Suche nach den Wurzeln meiner Familie und fuhr nach Horní Jiřetín/Obergeorgenthal, wo auch meine Mutter geboren ist. Dort spürte ich den Erzählungen meiner Großeltern nach und versuchte mich anhand alter Fotos zu orientieren. Mit einem ambivalenten Gefühl im Bauch tastete ich mich durch die Straßen. Ging Wege, die sie vielleicht auch gegangen waren, und suchte das Haus, in dem meine Familie bis 1946 gelebt hatte. Es war vielleicht auch ein Versuch, ein Stück eigene Identität zu finden. Ich war eine Touristin und doch auch nicht.

Ich wusste nichts über die Menschen, die jetzt dort lebten und doch hätte ich gerne jeden einzelnen von ihnen gefragt, wie es war, damals. Und wie es jetzt für sie ist, ob sie noch einen Nachhall der Ereignisse spüren, ob sie meine Familie kannten. Wie es ist, jetzt dort zu leben. Doch wir sprachen nicht die gleiche Sprache und ich hatte Angst, dass sie mich abweisen würden.

Ich fuhr weiter zu dem Ort, wo das Dorf stand, in dem mein Großvater geboren ist. Es war spurlos verschwunden, verschluckt von einem Tagebaugelände. Die bizarre, tote Landschaft und die Wunden, die der Erde zugefügt wurden, das alles hatte für mich etwas fast schon klischeehaft Metaphorisches. Das Land meiner Vorfahren war fremd und irritierend und doch übt es bis heute eine große Faszination auf mich aus. Ich möchte wissen, wie die Menschen dort heute leben und was Tschechen, Deutsche und Juden bewegte, bevor Böhmen zum Spielball der Weltpolitik wurde.

Wie also waren die Lebensumstände und die Alltagskultur der letzten Generation von Deutschböhmen zwischen 1920 und 1950? Das Leben meiner Großeltern war geprägt von schwerer, körperlicher Arbeit, meist nur um zu überleben oder um zu etwas bescheidenem Wohlstand zu gelangen. In einer Zeit, in der Maschinen die Arbeit noch nicht erleichtert hatten, war der Alltag noch ein Kraftakt im wahrsten Sinne des Wortes. Es war die Zeit des Holzherdes, der Waschküchen, der Ställe, Gemüsegärten und Weiden, voller Entbehrung, und mit wenig Raum für die persönliche Entwicklung.

Die Wirtschaftskrise und der Erste Weltkrieg trafen die Bevölkerung schwer. Hunger war der ständige Begleiter für viele Menschen in dieser Zeit. Die in Nordböhmen einsetzende Industrialisierung machte es möglich – und oft erforderlich, dass die Frauen in dieser Generation berufstätig wurden. Wie meine Großmutter, die als Fabrikarbeiterin in der Textilindustrie und als Köchin für die Schachtarbeiter im Braunkohletagebau arbeitete.

Oft war es aber wohl auch ein Kampf gegen die Obrigkeiten, die ihnen in sehr kurzer Abfolge drei unterschiedliche Nationalitäten auferlegten. Österreichisch bis 1918, tschechisch bis 1938 und von da an volks- oder reichsdeutsch. Bis 1946 ihre Staatsangehörigkeit wieder fremd bestimmt wurde und sie zu west-, ostdeutschen, österreichischen oder tschechischen Staatsangehörigen wurden.

Auffallend ist, wie unterschiedlich meine Großeltern die Geschehnisse schildern. Mein Großvater erzählt sehr lebendig und anekdotisch in sich abgeschlossene Begebenheiten, in denen er meist seine beruflichen Aktivitäten in den Mittelpunkt stellt. Detailliert schildert er seine, oft fruchtlosen, Bemühungen, beruflich weiter zu kommen, ob als Schweizer, Maschinist, Busfahrer oder Bahnangestellter – und die vielen Ortsveränderungen, die damit verbunden waren.

Interessant für mich war, wie stark sein Leben mit dem seiner tschechischen Landsleute verbunden war.

In seinen Erzählungen gibt er den traumatischen Er-
fahrungen, die er mit großer Sicherheit auch erlebte,
kaum Raum. Sie scheinen einer Verdrängung, fast
Verherrlichung seiner Bewältigungsstrategien Platz
gemacht zu haben.

Die Erzählungen meiner Großmutter sind nüchtern,
manchmal scheinbar emotionslos. Ihr machte der
Verlust der Heimat mehr zu schaffen als meinem
Großvater. Er hatte regelmäßig Kontakt zu anderen
Menschen durch seine Arbeit, während sie die meiste
Zeit alleine zu Hause war. Ihre Kontakte beschränk-
ten sich auf das Plaudern unter Nachbarn und beim
Einkaufen. Außerdem hatte sie, wie viele andere
Frauen, schwer an den Geschehnissen zu Ende des
Krieges zu tragen. Sie macht in Gesprächen oft einen
großen Bogen um schmerzhafte Ereignisse. Vieles
bleibt im Dunkeln. Unzählige Leerstellen sind ent-
standen und man ahnt, dass da noch viel mehr ist, was
von ihr aber nicht in Worte gefasst werden kann.

Obwohl die Lebensumstände meiner Großeltern sehr
unterschiedlich waren, gab es auch Gemeinsamkei-
ten. Der Existenzkampf ist bei beiden ein zentrales
Motto. Die politischen Umwälzungen dieser Zeit
werden häufig nur am Rande erwähnt. Sie wollten vor
allem überleben und weiterkommen. Sicherheit war
ihnen wichtig und ein rares Gut. Mein Großvater hat
seine Jugend glorifiziert, die Mutter, die Familie und
den Erwerb von Wissen und Fertigkeiten, was sein
Streben nach beruflichem Aufstieg dokumentiert.
Auch meine Großmutter war stolz auf ihre Familie.

Der Vater war ihr großes Vorbild, die Mutter war auch berufstätig und man hatte ein Dienstmädchen. Und sie war auch stolz darauf, dass sie es geschafft hatte, ein Haus zu bauen.

In ihren Schilderungen der Zeit nach dem Ausbruch des Zweiten Weltkrieges, nimmt die Trennung für sie als Ehepaar in unseren Gesprächen keinen Raum ein. Mein Großvater war 30 Jahre alt, als er eingezogen wurde. Meine Großmutter war 27 Jahre alt und meine Mutter gerade geboren. Meine Großmutter erinnert sich vor allem an die Bombardierungen und die zunehmende „Bissigkeit" der Tschechen.

Als meine Großeltern nach dem Krieg 1946 wieder zusammenfanden, nach einer Ehe, in der sie kaum Zeit miteinander verbracht hatten, waren sie sich fremd geworden. Sie lebten weiterhin zusammen, weil sie keine Alternativen kannten und wirtschaftlich aufeinander angewiesen waren. Die Kriegsjahre, in denen sie in unterschiedlich erschwerten, aber immer prekären Lebensbedingungen ums Überleben kämpften, hatten ihre Spuren hinterlassen.

Ebenso die Vertreibung und die ersten Jahre danach, geprägt von Hunger, Ablehnung und auch der sozialen Tabuisierung des Verlustschmerzes. Zum Verlust von Heimat, Besitz, Status und Kultur kam die Unsicherheit über das Schicksal von verschollenen Familienangehörigen und auch derer, die noch in der alten Heimat geblieben waren.

Der Existenzkampf ließ meine Großeltern und ihre mit nach Augsburg gekommenen Familienangehörigen in den ersten Jahren nach dem Krieg noch einmal enger zusammenrücken. Der Verlust der Heimat wurde verdrängt, um zu überleben. Erst die „fetten" Jahre des Wirtschaftswunders und der ersten materiellen Entspannung führten dann zur endgültigen Zerrüttung, vielleicht weil der Überlebenskampf nicht mehr so stark im Vordergrund stand.

Meine Großeltern konnten über ihre Gefühle kaum sprechen. Zum Teil war dies sicherlich bedingt durch ihre Erziehung und Sozialisierung, doch dazu kam auch noch die zerstörerische Wirkung der traumatischen Erlebnisse. Die schmerzlichen Erlebnisse blieben unbearbeitet. Wut und Trauer fanden kein Ventil. Die Familie verstummte.

Wie weit meine Großeltern sich voneinander entfernt hatten, wird in diesen Interviews vielleicht auch durch die Beschreibungen des jeweils anderen mit dem unpersönlichen Pronomen: „Er" und „Sie" deutlich. Es erscheint mir, als wäre die jeweilige Perspektive auf das Erleben des oder der anderen verzerrt, weil der Austausch über das Erlebte aus vielerlei Gründen nicht möglich war. Auch die Beschreibung des Wiederfindens meiner Mutter durch ihren Vater illustriert beispielhaft, wie drastisch die Bindungen durch die räumliche Distanz und den Verlust des Vertrauens in Mitleidenschaft gezogen waren. Man war sich fremd und konnte die verlorenen Jahre – gerade zwischen Vätern und ihren Kindern – oft nicht mehr aufholen.

Über die Geburt und Kindheit meiner Mutter, die 1941 geboren wurde, erzählen meine Großeltern sehr wenig. Klar ist, dass meine Mutter einen Großteil ihrer Kindheit mit traumatisierenden Erlebnissen konfrontiert war und funktionieren musste, um zu überleben. Sie versuchte zwar, diese Erinnerungen hinter sich zu lassen, doch die seelischen Verletzungen ließen sie bis an ihr frühes Lebensende nicht zur Ruhe kommen. Ihr fehlten Wurzeln, räumliche als auch kulturelle. Vielleicht fühlte sie sich deshalb auch am wohlsten, wenn sie auf Reisen war. Sie sprach zwar dieselbe Sprache wie die Menschen in ihrem Umfeld, aber sie gehörte noch lange nicht dazu.

Bis heute ist die bis dato größte Zwangsmigration der Weltgeschichte gesellschaftlich polarisierend besetzt. Und zwar sowohl hier in Deutschland, als auch in den Ländern, aus denen die Deutschen vertrieben wurden oder geflüchtet sind. Denn die Menschen, die in die von den Deutschen verlassenen Gebiete umsiedelten oder umgesiedelt wurden, hatten oft auch einen Migrationshintergrund und mussten ebenfalls eine Heimat verlassen, deren Verlust sie nicht „nachspüren" durften. Sie alle waren die Leidtragenden der politischen Grabenkämpfe nach Ende des Zweiten Weltkrieges. Die Integration scheint gelungen, die psychologischen Nachbeben jedoch sind noch bis in die heutige Zeit spürbar.

Die Aufarbeitung dieser Völkerverschiebung findet nun 70 Jahre nach Ende des Zweiten Weltkrieges erneut Raum im öffentlichen Diskurs. Nicht nur junge Deutsche sondern vor allem auch junge Tschechen, Polen und Russen beschäftigen sich zunehmend mit der Vergangenheit und werfen Fragen auf, die andere vor ihnen noch nicht stellen konnten – und eröffnen damit den schon lange überfälligen Dialog zwischen Generationen und Nationen.

Ob erinnern Zukunftsoptionen minimiert, fragt der Wissenschaftler Harald Welzer in seinem Artikel „Schön unscharf. Über die Konjunktur der Familien- und Generationenromane". Eine gute Frage, die dazu überleitet, warum ich dieses Buch geschrieben habe? Am Anfang war es Neugier und das Bedürfnis, die Erinnerung an meine „Erzählheimat" nicht zu verlieren. Ich wollte verstehen, was meine Eltern und Großeltern geprägt hat und dazu beitragen, dass ihr Schicksal nicht vergessen wird.

Bei der Arbeit an diesem Buch ist mir aber auch noch einmal deutlich geworden, wie sich die verlorene Kindheit der Kriegskinder auf die nachfolgenden Generationen auswirkt. Wir haben viele Ängste und Gefühle von unseren Großeltern und Eltern übernommen und es ist wichtig, diese von den eigenen Empfindungen trennen zu können. Das kann ein schmerzhafter Prozess sein. Helfen kann, sich dem Familiengedächtnis zu widmen, denn wie Aleida Assmann sagt: „Eine traumatische Vergangenheit, die nicht erinnert wird, fängt an zu spuken." Unsere Vergangenheit ist deshalb mehr als Erinnerung. Wenn wir den Mut haben, zurück zu schauen, den Mut uns zu erinnern, dann machen wir damit auch einen wichtigen Schritt in die Zukunft.

Ich hoffe, wir haben aus den Kriegen und Zwangsmigrationen der Vergangenheit gelernt und vergessen nicht, dass wir trotz aller Unterschiede eine große Gemeinsamkeit haben: Wir wollen selbstbestimmt leben und lieben – und geliebt werden.

Dieses Projekt hat mir über die Auseinandersetzung mit meiner eigenen Familiengeschichte neue Perspektiven eröffnet und auch ein Stück weit familiäre Versöhnungsarbeit geleistet. Ich freue mich, dass es nun nach über 20 Jahren diesen Abschluss findet. In diesem Sinne, lass dich noch mal liebevoll umarmen und dann:

Schlaf gut, Böhmen!

Zum Weiterlesen

Assmann, Aleida: Der lange Schatten der Vergangenheit: Erinnerungskultur und Geschichtspolitik, C.H.Beck, München, 2006.

Arburg, Adrian von, Wlodzimierz Borodziej, Jurij Kostjaschow: Als die Deutschen weg waren: Was nach der Vertreibung geschah: Ostpreußen, Schlesien, Sudetenland. Berlin: Rowohlt, 2005.

Bode, Sabine: Kriegsenkel. Die Erben der vergessenen Generation. Klett-Cotta: Stuttgart, 2009.

Brandes, Detlef: Besinnungsloser Taumel und maßlose Einschüchterung. Die Sudetendeutschen im Jahre 1938. In: Jahrbuch der Heinrich-Heine-Universität Düsseldorf 2004. Heinrich-Heine-Universität: Düsseldorf, 2005.

Brandes, Detlef: Der Weg zur Vertreibung 1938–1945. Pläne und Entscheidungen zum „Transfer" der Deutschen aus der Tschechoslowakei und aus Polen. 2. Auflage, Oldenbourg: München, 2005.

Die wilde Vertreibung der Deutschen aus Nordböhmen 1945. Wanderausstellung des Förderverein der Stadt Saaz/ Žatec e. V., in Zusammenarbeit mit der Föderation der unabhängigen Schriftsteller Prag und der Internationalen Gesellschaft für Menschenrechte in Frankfurt am Main, 2012.

Douglas, R. M.: Ordnungsgemäße Überführung. Die Vertreibung der Deutschen nach dem Zweiten Weltkrieg. C.H. Beck: München, 2012.

Franzel, Emil: Sudetendeutsche Geschichte. Adam Kraft Verlag: Augsburg, 1958.

Franzen, Erik K.: Die Vertriebenen. Hitlers letzte Opfer. Econ Ullstein List Verlag: Berlin-München, 2001.

Glotz, Peter: Die Vertreibung – Böhmen als Lehrstück. Ullstein: München, 2003.

Greiter, Susanne: Flucht und Vertreibung im Familiengedächtnis. Geschichte und Narrativ. München: Herbert Utz Verlag, 2014.

Henisch, Heinz K.: Erster Tanz in Karlsbad: Jugenderinnerungen an das Böhmen der Zwischenkriegszeit. Universitas: München, 1996.

Kittel, Manfred: Vertreibung der Vertriebenen? Der historische deutsche Osten in der Erinnerungskultur der Bundesrepublik (1961-1982). Oldenbourg: München, 2007.

Kossert, Andreas: Kalte Heimat. Die Geschichte der deutschen Vertriebenen nach 1945. Siedler Verlag: München, 2009.

Menze, Renate & Rita Peter: Das Mädchen, das im Krieg verloren ging. Pattloch Verlag: München, 2005.

Pasch, Ralf: Die Erben der Vertreibung – Sudetendeutsche und Tschechen heute, Mitteldeutscher Verlag: Halle/Saale, 2014.

Ripperova, Renata: Blick der heutigen Gesellschaft auf die Vertreibung der Deutschen in den Medien, in der Informations- und Bildungspolitik. Bachelorarbeit an der Masaryk Universität Brno 2012; siehe http://is.muni.cz/th/363112/ pedf_b/ Bachelorarbeit_Ripperova.pdf

Ustorf, Anne-Ev: Wir Kinder der Kriegskinder: Die Generation im Schatten des Zweiten Weltkriegs. Herder Spektrum: Freiburg, 2010.

Wagnerova, Alena (Hrsg.): Helden der Hoffnung – Die anderen Deutschen der Sudeten 1935-1989, Aufbau Verlag: Berlin, 2008.

Welzer, Harald: Schön unscharf. Über die Konjunktur der Familien- und Generationenromane, Nr. 1, Januar/Februar, Hamburger Institut für Sozialforschung, Literatur Beilage zum Mittelweg 36, 2004, 53-64.

Welzer, Harald, Sabine Moller und Karoline Tschuggnall: Opa war kein Nazi – Nationalsozialismus und Holocaust im Familiengedächtnis. Fischer Verlag: Frankfurt am Main, 2002.

Danksagung

Kein Mensch ist eine Insel, auch dieses Buch ist nicht im luftleeren Raum entstanden. Sein Entstehen wurde unterstützt und gefördert durch Menschen, die mich dazu ermutigt und/oder tatkräftig unterstützt haben. Die Familienaufstellerin Renate Wirth brachte den Stein ins Rollen, weil ich mich für die Aufstellung noch einmal mit den Interviews beschäftigte. Dann wurde das kleine Flämmchen durch die Begeisterung von Sylvia Schmutzler, Janni Littlepage, Ariane Berthoin Antal, Anke Strauß am Leben gehalten. Patricia Löffler hat das Manuskript in der ersten Rohfassung gelesen und mir sehr viele hilfreiche Anmerkungen dazu gemacht.

Eine Herausforderung der besonderen Art war für mich der Besuch eines Seminars der Sudetendeutschen Landsmannschaft. Überaus skeptisch bin ich losgefahren, positiv überrascht und bereichert bin ich zurückgekommen. Mein Dank geht vor allem an den Historiker Matthias Heider, der mein Manuskript auf die historischen Fakten hin gecheckt hat und mir ein paar wirklich gute Tipps gegeben hat. Alles was jetzt noch nicht wirklich stimmt, ist allein auf meinem Mist gewachsen.

Ellen Antonini hat mit dem Endlektorat dazu beigetragen, mir ein gutes Gefühl zu geben, wie auch schon bei meinem ersten Buch, dem „Liederfänger". Danke dafür und überhaupt!

Besonderer Dank gilt wie bei all meinen Projekten dir, Christian! Ohne dich, würde alles, was ich mir so ausspinne, vermutlich nie das Licht der Welt erblicken ☺.

Auch bei BoD erschienen:

Claudia Nentwich
Liederfänger – Wege zum Songwriter

In Interviews mit Songwritern und Liedermachern wie Tom Cunningham, Corinne Douarre, Eric Fish, Manfred Maurenbrecher, Ulrich Roski, Manuela Sieber und Dirk Zöllner wird das Liederschreiben aus unterschiedlichen Blickwinkeln beleuchtet.

„Ein lobenswertes Werk, das das Thema Songwriting in vielschichtiger Weise angeht und dem Leser nicht nur die Interviewpartner nahe bringt, sondern ihm auch Denkanstöße gibt." Andreas Schulz /Akustik Gitarre 05/2007